Números de Teléfono

Nombre de la farmacia o botica: _____

    Teléfono: _____

Nombre del hospital: _____

    Teléfono: _____

    Dirección: _____

Teléfono de la compañía de taxis: _____

Nombre del dentista: _____

    Teléfono: _____

    Dirección: _____

Otros números de teléfono de servicios médicos:

_____

_____

Número de teléfono del trabajo de mamá: _____

Número de teléfono del trabajo de papá: _____

Nombre de un familiar: _____

    Teléfono: _____

Nombre de la niñera: _____

    Teléfono: _____

Nombre del vecino: _____

    Teléfono: _____

Nombre del vecino: _____

    Teléfono: _____

Otros números de teléfono:

_____

_____

Qué Hacer Cuando Vas a Tener un Bebé

Fácil de leer • Fácil de usar

Gloria Mayer, R.N.
Ann Kuklierus, R.N.

Institute for Healthcare Advancement
Whittier, California
(800) 434-4633

© 2001 Institute for Healthcare Advancement
15111 E. Whittier Boulevard, Suite 460
Whittier, California 90603-2181
(800) 434-4633

Impreso en los Estados Unidos
05 04 03 02 01   5 4 3 2 1
ISBN: 0-9701245-7-0

A Nuestros Lectores

El embarazo es una etapa emocionante en la vida de una mujer. Tú notarás muchos cambios en tu cuerpo y en la manera en que te sientes. Es posible que te preguntes si estos cambios son normales. Este libro va a responder a muchas preguntas. Te dirá:

- Cómo debes cuidarte para tener un bebé saludable.

- Las cosas que pueden hacerte daño a ti y a tu bebé.

- Los cambios físicos que ocurren durante el embarazo.

- Qué puedes hacer para sentirte mejor.

Este libro fue escrito para ayudarte a tener un bebé saludable. Te da una guía del embarazo de mes a mes. Te dice que tan grande está tu bebé cada mes y cómo está tu bebé. También explica algunas de las incomodidades que puedes tener y lo que puedes hacer para sentirte mejor.

Este libro no reemplaza el obtener atención médica durante tu embarazo. Visita a tu médico con frecuencia. Siempre haz lo que te diga tu médico o tu enfermera.

Estas son algunas cosas que puedes hacer cuando recibas este libro:

- Llena los números de teléfono al comienzo de este libro. Mantén este libro donde sea fácil de encontrar.

- Ve a las páginas x a la xii para saber lo que contiene este libro.

- Ve a las páginas viii a la ix para ver una lista de las cosas que no son normales. Llama a tu médico o enfermera inmediatamente si tienes alguno de estos síntomas.

- Lee sobre las cosas que le pueden hacer daño a tu bebé en las páginas 16 a la 20.

- Lee sobre lo qué necesitas comer para tener un bebé saludable (páginas 29 a la 34).

- Lee sobre los cambios que tú y tu bebé tendrán cada mes. Lee sobre lo que pasa cada mes para saber qué esperar (páginas 42 a la 91).

- Ve la lista de palabras al final del libro. Esta lista te da el significado de ciertas palabras que aparecen en el libro.

Este libro fue leído por doctores y enfermeras que trabajan con mujeres embarazadas como tú. Ellos están de acuerdo con la información en este libro, y piensan que es útil y segura.

Cada mujer es diferente. Algunas cosas en este libro pueden no ser correctas para ti. Si tienes preguntas o preocupaciones, llama a tu médico o enfermera inmediatamente. Siempre haz lo que tu doctor o enfermera te diga.

Mis Citas Médicas

Día / Fecha	Hora	Mi Peso
_____	_____	_____
_____	_____	_____
_____	_____	_____
_____	_____	_____
_____	_____	_____
_____	_____	_____
_____	_____	_____
_____	_____	_____
_____	_____	_____
_____	_____	_____
_____	_____	_____
_____	_____	_____
_____	_____	_____
_____	_____	_____

Cuándo Debe Obtener Ayuda Inmediatamente

Tu cuerpo pasa por muchos cambios durante el embarazo. La mayoría de estos cambios son normales. Algunos cambios no están bien. A estos se les llama señales de alerta. Llama a tu médico o a tu enfermera inmediatamente si tienes alguna de las siguientes señales de alerta:

- Sangrado de la vagina
- Chorro de agua o líquido que gotea de tu vagina.
- Flujo vaginal que no parece normal.
- Dolores agudos en tu vientre.
- Mucho vómito. No puedes tener comida o líquidos en el estómago por 24 horas.
- Cólicos que se sienten como dolores de menstruación.
- Un dolor leve pero constante en la parte de abajo de la espalda. No es lo mismo que tu dolor de espalda normal.
- Presión en la parte baja del vientre. Se siente como que el bebé esta empujando hacía abajo.
- Una sensación como que tu bebé se está enroscando dentro de ti.

Cuándo Debe Obtener Ayuda Inmediatamente

- Tu bebé se mueve menos que antes o no se mueve nada.
- Si tu matriz empieza a apretarse (se siente dura). Si esto pasa cada 10 o 15 minutos o más a menudo. A esto se le llama tener contracciones.
- Si tu visión esta nublada o ves manchas.
- Si te sientes mareada o a punto de desmayarte.
- Si tienes dolores de cabeza constantes o dolores de cabeza muy fuertes.
- Si te caes o sufres un accidente
- Si tienes fiebre de 100.6 Fahrenheit o más.
- Si tienes escalofríos.
- Si tienes dolor o ardor al orinar.

Llama a tu médico o a tu enfermera en cualquier momento que pienses que algo está mal. No tengas temor de preguntarle a tu médico si lo que sientes es normal.

Contenido de Este Libro

1. Cómo Prepararte Para Tener un Bebé   **1**

- Antes de Quedar Embarazada   2
- Los Síntomas del Embarazo y
  Lo que Ocurre en tu Cuerpo   7
- Las Señales de Alerta y
  Cuándo Llamar al Médico   12

**2. Lo que Puedes Hacer
Para Tener un Bebé Saludable**   **15**

- Las Cosas que No Debes Hacer   16
- Cómo Encontrar un Médico   22
- Las Pruebas Especiales   26
- El Comer Correctamente
  para Tener un Bebé Saludable   29
- El Ejercicio   35

3. La Espera del Bebé de Mes a Mes   **41**

- Mes 1   42
- Mes 2   48
- Mes 3   53
- Mes 4   57
- Mes 5   61
- Mes 6   67

Contenido de Este Libro

- Mes 7   71
- Mes 8   79
- Mes 9   85

4. Algunas Incomodidades que Puedes Tener   93

- El Malestar Estomacal y el Vómito (Las Náuseas del Embarazo)   94
- El Ardor en el Estómago (Las Agruras)   96
- El Dolor de Espalda   98
- El Estreñimiento   104
- Las Hemorroides   108
- El Orinar Frecuentemente   111
- La Hinchazón de los Pies   114
- Otras Sensaciones que Puedes Tener   118
  - El Sentirte muy Cansada   118
  - Los Cambios en el Estado de Animo   119
  - Las Venas Grandes en las Piernas   120
  - La Dificultad para Dormir   121

5. Más Cosas Para Saber   123

- Consejos de Seguridad   124
- El Parto Antes de Tiempo   129
- Las Mamás que Trabajan   133
- Las Relaciones Sexuales Durante el Embarazo   138

Contenido de Este Libro

- El Tener un Resfriado o la Gripa   141
- El Perder el Bebé   145

6. **El Nacimiento de tu Bebé**   **149**
   - El Comienzo del Parto   150
   - El Dar a Luz   155

7. **Después de que Nazca tu Bebé**   **157**
   - Cómo te Sientes   158
   - El Alimentar a tu Bebé   163
   - Los Primeros Días con tu Bebé   174

Lista de Palabras   **183**

**Contenido de Este Libro
de la A a la Z**   **195**

**Personas a Quienes
Queremos Agradecer**   **203**

Cómo Prepararte para Tener un Bebé

Apuntes

_____

_____

_____

_____

_____

_____

_____

_____

_____

_____

_____

_____

_____

Antes de Quedar Embarazada

¿De qué se trata?

Se trata del momento en el cual decides que quieres tener un bebé. Aún no estás embarazada o podrías estar embarazada pero no lo sabes.

¿Qué necesito saber?

- Cuando dejes de usar los métodos anticonceptivos, necesitas empezar a cuidar de tu salud. Puedes salir embarazada y no saberlo.

- Una mujer saludable tiene más probabilidades de tener un bebé saludable.

- Algunas cosas que tu puedes hacer antes de quedar embarazada pueden ayudar a tu bebé.

- El ácido fólico es una vitamina B. Se encuentra en ciertas comidas y protege a tu bebé de algunos defectos de nacimiento. Otra palabra para ácido fólico es folato.

- Una mujer que esté tratando de quedar embarazada necesita al menos 400 microgramos de ácido fólico todos los días. Es necesario empezar a tomarlo 30 días antes de quedar embarazada.

- Las mujeres pueden necesitar 1000 microgramos de ácido fólico durante el embarazo. Esta cantidad se puede obtener al tomar vitaminas y comer comidas ricas en ácido fólico.

- La siguiente es una lista de alimentos ricos en ácido fólico:
  - Verduras de hojas verdes oscuras, cómo la espinaca y la lechuga
  - El brócoli y los espárragos
  - Las naranjas, piñas, melones, bananas y aguacates
  - El cereal, la pasta y el arroz enriquecido con ácido fólico
  - Los frijoles y las lentejas

- Algunos pescados contienen demasiado mercurio. Las mujeres que estén tratando de salir embarazadas no deben comer pez espada, tiburón o atún.

- Las mujeres que son muy delgadas corren un riesgo más alto de tener un bebé demasiado pequeño. Ellas necesitan subir de peso antes de quedar embarazadas.

- Las mujeres gordas pueden desarrollar diabetes y alta presión arterial durante su embarazo. Estas mujeres deben bajar de peso antes de quedar embarazadas.

- Algunas mujeres pueden necesitar vacunas y pruebas médicas antes de quedar embarazadas.

- Las mujeres que tienen problemas de salud como la diabetes necesitan consultar a su médico antes de quedar embarazadas.

¿Qué debo hacer?

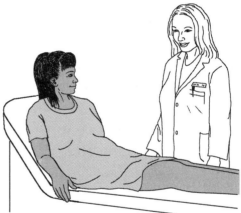

- Ve a tu médico. Dile al médico que tu quieres tener un bebé. El médico te va hacer un examen y te hará algunas pruebas.

- Cuéntale al médico acerca de cualquier enfermedad que hayas tenido antes. Se honesta con tú médico.

- Hazte la prueba para las enfermedades transmitidas sexualmente (enfermedades venéreas) y para el VIH. Sí tienes una enfermedad transmitida sexualmente, necesitas recibir tratamiento antes de quedar embarazada.

- Cuéntale a tu médico sobre todos los medicamentos que tomas. Esto incluye los medicamentos con receta médica y los que compras en la tienda, cómo las vitaminas y las hierbas.

Antes de Quedar Embarazada

- Dile a tu médico si tomas drogas, aunque solo las tomes unas pocas veces al mes.

- Deja de fumar, tomar alcohol y drogas. Pídele al médico que te ayude a dejar estos vicios.

- Deja de tomar las píldoras anticonceptivas 3 meses antes de cuando quieras quedar embarazada. Usa condones durante los 3 meses.

- Come alimentos ricos en ácido fólico como los de la lista en la página 3.

- Toma una vitamina todos los días con folato o ácido fólico. Pregúntale al médico qué vitamina tomar. Es difícil obtener todo el ácido fólico suficiente solamente de las comidas.

- Evita comer pescado que pueda tener demasiado mercurio como pez espada, tiburón o atún.

- Si estás pasada de peso, habla con tu médico acerca de la dieta y el ejercicio. Debes perder peso antes de quedar embarazada. No es seguro hacer dietas ya estando embarazada.

- Si estás muy delgada, necesitas subir de peso antes de quedar embarazada. Tu médico te puede ayudar.

¿Cuándo debo llamar a mi médico o enfermera?

- Llama sí quieres quedar embarazada.

- Llama sí piensas que estas embarazada.

- Llama sí tienes preguntas sobre el quedar embarazada.

- Llama a la Línea Nacional de Ayuda para el Tratamiento de la Drogadicción y el Alcoholismo si necesitas ayuda para dejar de usar las drogas o el alcohol. El número es 1-800-662-4357. También puedes encontrar otros lugares de ayuda en las primeras páginas del directorio telefónico bajo el título de Abuso de Drogas y Alcohol.

Los Síntomas del Embarazo y lo que Ocurre en tu Cuerpo

¿De qué se trata?

El embarazo ocurre cuando el esperma de un hombre se encuentra (fertiliza) con el óvulo (huevo) de una mujer después de las relaciones sexuales. El óvulo fertilizado se pega a la pared de la matriz y crece hasta convertirse en un bebé.

Las siguientes son las partes del cuerpo que debes conocer:

La placenta

El cordón umbilical

El saco amniótico

El líquido amniótico

El útero (matriz)

El cerviz (cuello de la matriz)

La vagina

El Útero o la Matriz

Este es el órgano que contiene al bebé que se está formando. Los músculos del útero se estiran a medida que el bebé crece.

El Saco Amniótico

Es como una bolsa que crece dentro del útero. En esta bolsa se encuentra el bebé, la placenta y un líquido aguoso llamado el líquido amniótico. Comúnmente se conoce como la fuente de agua y esta protege al bebé que está creciendo dentro del útero.

La Placenta

Crece en el útero de la mujer embarazada. Une al bebé con el cuerpo de la mamá a través del cordón umbilical. Los alimentos le llegan al bebé a través de la placenta. La placenta sale después de que ha nacido el bebé. Por esto también se le conoce como secundinas.

El Cordón Umbilical

Conecta al bebé con la placenta. El cordón le lleva la comida al bebé de la mamá a través de la placenta. También saca los deshechos del bebé. El cordón umbilical se corta después de que el bebé nace. La parte que queda en el bebé se convierte en el ombligo.

El Cerviz

Es la parte de abajo o el cuello de la matriz (útero) que conecta la matriz con la vagina. El cerviz se abre durante el parto para dejar salir al bebé.

La Vagina

Es la última parte por dónde pasa el bebé durante
el parto.

¿Qué necesito saber?

- Los siguientes son algunos síntomas tempranos
  del embarazo:
  - La falta de tu período (no te baja la menstruación)
  - Los senos adoloridos
  - Tener malestar en el estómago y vómito (también
    se conoce como náuseas del embarazo o mareos)
  - El querer ciertas comidas (también se conoce
    como antojos)
  - El tener que orinar con frecuencia
  - El sentirse cansada

- Algunas mujeres tienen uno o más síntomas.
  Algunas mujeres no tienen ningún síntoma
  temprano. Hasta pueden tener un período ligero
  en el primer mes.

- Los primeros meses del embarazo son muy
  importantes para la salud de tu bebé. Las mujeres
  no deben tomar ninguna droga, ni fumar, ni beber
  alcohol. Estas acciones pueden hacerle daño al bebé
  para toda la vida.

- Una mujer puede quedar embarazada aunque esté
  usando métodos anticonceptivos.

- Las mujeres no saben cuando van a quedar embarazadas. Algunas mujeres quedan embarazadas tan pronto como dejan de usar un método anticonceptivo y tienen relaciones sexuales. Otras mujeres toman más tiempo.

- En el momento en que una mujer decide tener un bebé, tiene que empezar a cuidarse como si estuviera embarazada.

- Las mujeres pueden comprar una prueba de embarazo para hacerse en la casa para saber si están embarazadas. También pueden ir al consultorio médico o a la clínica para hacerse la prueba de embarazo.

¿Qué debo hacer?

- No uses drogas, no tomes alcohol, ni fumes si estás tratando de quedar embarazada. Todas estas cosas pueden hacerle daño a tu bebé de por vida.

- No tomes ningún medicamento a menos de que tu médico te haya dicho que está bien; incluyendo los medicamentos que compras sin receta y los medicamentos recetados por otros médicos.

- Llama a tu médico si piensas que estás embarazada. Tu médico te a va hacer una prueba para ver si estás embarazada.

- Tu médico te puede hacer un examen pélvico y revisar tu útero.

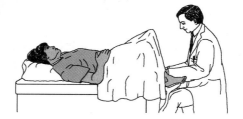

¿Cuándo debo llamar a mi médico o enfermera?

- Llama si quieres tener un bebé.
- Llama si piensas que estás embarazada.

Las Señales de Alerta y Cuándo Llamar al Médico

¿En qué se consisten?

Se trata de las cosas que sientes o que ves que no son normales.

¿Qué necesito saber?

- La mayoría de las mujeres que se cuidan su salud tienen embarazos saludables.

- El cuerpo de una mujer pasa por muchos cambios durante el embarazo. La mayoría de estos cambios son normales.

- Algunos cambios no son normales. Estos son señales de que hay algo que está mal. A estos se les llama señales de alerta.

- La siguiente es una lista de las señales de alerta. Llama a tu médico o enfermera inmediatamente si tienes alguna de las siguientes señales:

  - Sangrado de la vagina
  - Chorro de agua o líquido que gotea de tu vagina.
  - Flujo vaginal que no parece normal.
  - Dolores agudos en tu vientre.

- Mucho vómito. No puedes tener comida o líquidos en el estómago por 24 horas.

- Cólicos que se sienten como dolores de menstruación.

- Un dolor leve pero constante en la parte de abajo de la espalda. No es lo mismo que tu dolor de espalda normal.

- Presión en la parte baja del vientre. Se siente como que el bebé esta empujando hacía abajo.

- Una sensación como que tu bebé se está enroscando dentro de ti.

- Tu bebé se mueve menos que antes o no se mueve nada.

- Si tu matriz empieza a apretarse (se siente dura). Y esto pasa cada 10 o 15 minutos o más a menudo. A esto se le llama tener contracciones.

- Si tu visión se nubla o ves manchas.

- Si te sientes mareada o a punto de desmayarte.

- Si tienes dolores de cabeza constantes o dolores de cabeza muy fuertes.

- Si te caes o sufres un accidente

- Si tienes fiebre de 100.6 Fahrenheit o más.

- Si tienes escalofríos.

- Si tienes dolor o ardor al orinar.

- Muchos problemas se pueden tratar si recibes atención médica inmediatamente.

¿Qué debo hacer?

- Conoce las señales de alerta de la lista anterior.
- Llama a tu médico inmediatamente si tienes alguna señal de alerta.

¿Cuándo debo llamar a mi médico o enfermera?

- Llama si tienes una o más de las señales de alerta.
- Llama si piensas que algo puede estar mal. No tengas temor de preguntar si lo que sientes es normal.

Lo que Puedes Hacer Para Tener un Bebé Saludable 2

Apuntes

_____

_____

_____

_____

_____

_____

_____

_____

_____

_____

_____

_____

_____

Las Cosas que No Debes Hacer

¿En qué consisten?

Son todas las cosas que afectan a tu bebé. Algunos vicios como el fumar, el alcohol y las drogas pueden hacerle daño a tu bebé para toda la vida. Las siguientes son cosas que no se pueden hacer durante el embarazo.

¿Qué necesito saber?

- Empieza a ser una mamá el primer día que te enteras que estás embarazada. Manténte alejada de las cosas que le pueden hacer daño a tu bebé. La siguiente es una lista de las cosas que son muy malas para tu bebé.

  - **El fumar o el respirar el humo del cigarrillo de otra persona**

    El fumar puede causar que pierdas a tu bebé o que tengas un bebé demasiado pequeño y enfermo. El respirar el humo del cigarrillo de otra persona se llama respirar humo de segunda mano. Es muy malo para ti y para tu bebé.

Las Cosas que No Debes Hacer

- **El tomar alcohol**

  El alcohol incluye el licor, la cerveza y el vino. El alcohol puede causar defectos de nacimiento en tu bebé. También puede causar retraso mental y otros problemas para toda la vida.

- **El tomar drogas**

  Las drogas como la cocaína y la marihuana (mota) pueden causarle daño al cerebro del bebé. También pueden hacer que el bebé nazca antes de tiempo. Los bebés de las mamás que toman drogas muchas veces nacen adictos a las drogas. Ellos nacen enfermos y pueden tener problemas toda la vida.

- **Los medicamentos con y sin receta**

  No tomes medicamentos sin receta que compras en la tienda. No tomes medicamentos recetados por otros médicos antes de hablar con el médico que está llevando el control de tu embarazo.

- Las siguientes son otras cosas que pueden hacerle daño a tu bebé:

  - El tomarte rayos x

- El no recibir atención médica durante el embarazo

- El cambiar la caja donde el gato hace sus necesidades. Esto puede causarte una enfermedad que le puede hacer daño a tu bebé.

- El comer carne o pescado crudo o mal cocido. Esto puede causarte una enfermedad que le puede hacer daño a tu bebé.

- El respirar los vapores de los limpiadores, la pintura y otros químicos.

- El hacer dietas o no comer alimentos saludables.

- El comer o beber alimentos que tienen cafeína

- El tomar baños calientes o meterte en bañeras con agua caliente.

¿Qué debo hacer?

- Sí fumas, tomas drogas o alcohol, deja de hacerlo ahora. Hay grupos de apoyo y otros lugares en los que te pueden ayudar. Pídele ayuda a tu médico. Puedes llamar a la Línea Nacional de Ayuda para el Tratamiento de la Drogadicción y el Alcoholismo si necesitas ayuda para dejar de usar las drogas y el alcohol al número 1-800-662-4357. También puedes encontrar otros lugares de ayuda en las primeras páginas del directorio telefónico bajo el título de Abuso de Drogas y Alcohol.

- Manténte alejada de la gente que fuma. El respirar el humo es malo para ti y para tu bebé.

- Ve a ver tu médico. Las mujeres embarazadas necesitan ver sus médicos por lo menos:

  - Una vez al mes, del mes 1 al mes 7 del embarazo

  - Cada 2 semanas durante el mes 8

  - Una vez cada semana en el mes 9

- No tomes medicamentos a menos de que tu médico diga que está bien. Pídele a tu médico que de una lista de los medicamentos que son seguros para tomar durante el embarazo.

- No te hagas hacer rayos x. Cuando vayas a recibir atención médica o dental, dile a todas las personas que estás embarazada.

- No comas ni tomes alimentos o bebidas que tienen cafeína como el café, el té, el chocolate y los refrescos.

- Haz las siguientes cosas para proteger a tu bebé:

  - Sí tienes un gato, pídele a alguien que limpie la caja del gato.

- Siempre usa guantes cuando trabajes en el jardín.

- No comas carne o pescado crudo. Cocina tus carnes bien.

- No comas pez espada, tiburón o atún. Estos pescados pueden tener mucho mercurio lo cual es malo para el bebé.

- Lávate bien las manos con agua y jabón después de tocar las mascotas o la carne cruda.

- No tomes baños calientes. El agua no bebe estar más caliente que 100 grados Fahrenheit. No te metas a bañeras con agua caliente o baños de vapor.

- No hagas dietas durante el embarazo. Tu bebé no va a recibir suficiente comida, y esto le hará daño al bebé que está creciendo.

- Si pintas un cuarto, abre las ventanas y las puertas. Evita usar limpiadores fuertes. Manténte alejada de otros tipos de vapores. Los vapores pueden hacerte daño a ti y a tu bebé.

¿Cuándo debo llamar a mi médico o enfermera?

- Llama si quieres saber si algo es seguro de hacer o tomar durante el embarazo.

- Llama si te sientes muy enferma y quieres saber si hay algo que puedes tomar.

- Llama si necesitas ayuda para dejar de fumar, beber alcohol o tomar drogas.

- Puedes llamar a la Línea Nacional de Ayuda para el Tratamiento de la Drogadicción y el Alcoholismo si necesitas ayuda para dejar de usar las drogas y el alcohol al 1-800-662-4357. También puedes encontrar otros lugares de ayuda en las primeras páginas del directorio telefónico bajo el título de Abuso de Drogas y Alcohol.

Cómo Encontrar un Médico

¿De qué se trata?

Se trata de encontrar
un lugar para recibir
atención médica durante
tu embarazo.

¿Qué necesito saber?

- Las mujeres necesitan recibir atención médica durante
  todo el embarazo para tener un bebé saludable.
  Necesitan ir a ver un médico tan pronto como dejen
  de menstruar por primera vez.

- La atención médica que una mujer recibe cuando está
  embarazada se llama cuidado prenatal.

- Las mujeres embarazadas necesitan ver a su médico:

  - Una vez al mes, del mes 1 al mes 7 del embarazo

  - Cada 2 semanas durante el mes 8

  - Una vez cada semana en el mes 9

- Algunas mujeres que tienen problemas necesitan ver
  a su médico más a menudo.

- El personal médico trabaja en equipo para cuidar
  de ti y de tu bebé durante tu embarazo. La siguiente
  es una lista de algunos miembros del personal:

22

Cómo Encontrar un Médico

- **El Médico General**

  Es un médico que ve a todos los miembros de la familia. Algunos médicos generales tienen una capacitación especial para prestar atención médica a mujeres embarazadas y para atender partos.

- **El Médico en Ginecología y Obstetricia (OB/GYN, en inglés)**

  Este es un médico que se especializa en la salud de la mujer.

- **La Enfermera Partera Certificada (CNM, en inglés)**

  Una enfermera partera certificada es una enfermera que tiene una capacitación especial para atender mujeres durante el embarazo. También atienden partos y le ayudan a los médicos en las cesáreas.

- **La Asistente de Médico (o PA-C, en inglés)**

  Una asistente de Médico es una persona licenciada y con una capacitación especial. Los asistentes de médico trabajan en colaboración con los médicos que te atienden.

- **La Enfermera Practicante Registrada (RNP, en inglés)**

  Una enfermera practicante registrada es una enfermera con una capacitación especial para atenderte antes y después de que tengas tu bebé.

- **El Pediatra**

  Es un médico especializado en bebés recién nacidos y en niños.

¿Qué debo hacer?

- Llama para ver un médico. Hazlo durante las primeras tres semanas de que no te haya bajado la menstruación.

- Hay muchas maneras de encontrar un médico. Las siguientes son algunas cosas que puedes hacer:

  - Pregúntale a tu médico general a dónde ir para obtener atención médica durante el embarazo.

  - Sí tienes seguro médico, llama al número 800 y pregunta a dónde puedes ir para recibir atención médica.

  - Si tienes un amigo o un familiar que es enfermera o trabaja para un médico, pídele que te ayude a buscar un médico.

  - Llama a un hospital local y pregunta a dónde puedes ir para obtener cuidado prenatal.

  - Pregúntale a una amiga que haya tenido un bebé a dónde fue para recibir atención médica.

  - Llama al departamento de salud de tu ciudad o condado y pregunta sobre las clínicas y las formas de pago.

- Busca en las primeras páginas del directorio telefónico bajo el título de Atención Médica. Llama a una clínica, cómo una clínica de atención médica para la mujer.

- No dejes de ir a tu cita médica porque no tienes transporte. Si necesitas que te lleven, llama a tu seguro médico o habla con tu médico. Ellos te pueden ayudar a conseguir transporte.

¿Cuándo debo llamar a mi médico o enfermera?

- Llama sí piensas que podrías estar embarazada.

Las Pruebas Especiales

¿En qué consisten?

Estas son pruebas que te dicen cómo está tu bebé.

¿Qué necesito saber?

* Todas las mujeres se hacen hacer pruebas de sangre y de orina durante el embarazo.

* Algunas mujeres necesitan pruebas especiales. Tu médico o enfermera te dirá si necesitas las pruebas especiales. La siguiente es una lista de algunas pruebas especiales:

Ultrasonido

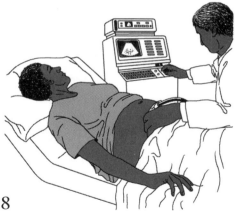

* Esta prueba se le hace a la mayoría de las mujeres embarazadas.

* A menudo, se hace en el consultorio médico cuando una mujer tiene entre 16 y 18 semanas de embarazo.

* La prueba usa ondas de sonido para tomarle una especie de foto a tu bebé.

* Esta prueba te muestra cómo esta creciendo tu bebé, y le dice al médico cuándo va a nacer tu bebé.

- Una jalea se pone en tu vientre, y un aparato se mueve de atrás hacia delante sobre todo tu vientre.

- Puedes ver a tu bebé en una pantalla de televisión.

La prueba de tolerancia a la glucosa

- Esta prueba analiza la cantidad de azúcar en tu sangre.

- Se hace en un laboratorio o en el consultorio médico.

- Te darán un líquido dulce para tomar.

- Después de tomar el líquido, te sacarán sangre del brazo.

La prueba de la falta de estrés

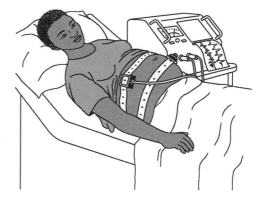

- Esta prueba se hace en la última parte del embarazo.

- Se hace en el consultorio médico o en el hospital.

- Te ponen un aparato en el vientre.

- La prueba revisa el pulso del bebé cuando este se mueve.

- Esta prueba muestra si tu bebé esta bien.

La prueba de estrés

- Esta prueba se hace en el hospital.

- La prueba revisa el pulso del bebé cuando la matriz se pone tensa (durante las contracciones).

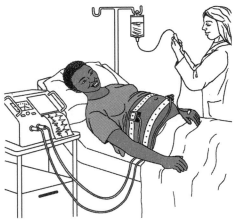

- Te ponen un aparato en el vientre para grabar el pulso del corazón del bebé.

- Se usan medicamentos u otras cosas para hacer que la matriz se apriete más.

- Esta prueba es para revisar si el bebé va a estar bien durante el parto.

¿Qué debo hacer?

- Ve al médico tan pronto como creas que estás embarazada.

- Tu médico te hará las pruebas que necesites. El o ella te dirán si necesitas pruebas especiales.

- Haz lo que tu médico o enfermera te diga. Tu médico te ayudará a tener un bebé saludable.

¿Cuándo debo llamar a mi médico o enfermera?

- Llama sí crees que estás embarazada.

- Llama sí quieres saber sí lo que estás sintiendo es normal.

- Llama sí tienes una de las señales de alerta que están en las páginas 12 y 13.

El Comer Correctamente para Tener un Bebé Saludable

¿De qué se trata?

Necesitas comer alimentos saludables cuando estás embarazada. También necesitas comer un poco más que antes. Tu bebé usa los alimentos que tu comes para crecer.

¿Qué necesito saber?

- Los alimentos que comes le llegan tu bebé.

- Necesitas comer alimentos saludables para tener un bebé saludable. También necesitas comer muchos tipos de comidas. No hay una sola comida que le dé a tu bebé todo lo que él o ella necesita para crecer.

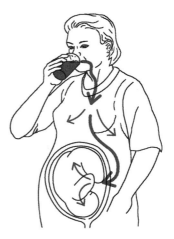

- Si tu peso es normal, planea en subir de 25 a 35 libras durante el embarazo. Perderás la mayoría de esas libras después de que tengas a tu bebé.

- La cantidad de comida que necesitas depende de tu tamaño y de que tan activa seas.

- No es seguro hacer dietas o no comer cuando estás embarazada. Si lo haces, puedes perder o hacerle daño a tu bebé para toda la vida.

- Es importante comer de una manera saludable aún cuando no tengas ganas de comer. Tu bebé necesita la comida para crecer.

- Una mujer embarazada necesita comer alimentos de cada uno de los 5 grupos de alimentos todos los días. La siguiente es una lista de los grupos y cuántas porciones necesitas comer todos los días. Algunos alimentos en cada grupo también se nombran.

1. **Carne, Pescado, Huevos y Pollo: Come 3 porciones al día.**

   Una porción es:

   > 1 huevo o

   > 1 presa de pollo o

   > 1 pedazo de pescado o carne (del tamaño de una carta de naipes) o

   > 2 cucharadas de crema de cacahuate o

   > 1 taza de frijoles cocinados

   Estos alimentos dan las proteínas y el hierro que tu bebé necesita para desarrollar un cuerpo fuerte y saludable.

2. **Leche, Yogur y Queso: Come 3 porciones al día.**

   Una porción es:

   > 8 onzas de leche baja en grasa o

   > 1 taza de yogur bajo en grasa o

   > 2 rebanadas de queso o

   > 1 taza de requesón

Estos alimentos dan el calcio que tú y tu bebé necesitan para tener huesos y dientes fuertes.

3. Pan, Cereal y Pasta: Come de 6 a 11 porciones al día.

Una porción es:

> 1 rebanada de pan o
>
> 1 panecillo o
>
> ¾ de taza de cereal seco o
>
> ½ taza de cereal cocido o
>
> ½ taza de arroz o pasta u
>
> 8 galletas o
>
> 1 tortilla de 6 pulgadas

Estos alimentos le dan energía a tu cuerpo. Come pan y cereal integral por la fibra.

4. Frutas: Come de 2 a 4 porciones al día.

Una porción es:

> 1 manzana, naranja o banana de tamaño mediano o
>
> ½ toronja o
>
> ½ taza de frutas enlatadas o
>
> ½ taza de uvas, fresas o melón o
>
> ¼ taza de uvas pasas

Estos alimentos te dan a ti y a tu bebé, vitamina C y algo de ácido fólico.

5. Verduras: Come de 3 a 5 porciones al día.

Una porción es:

> 1 taza de lechuga o

1 taza de zanahorias, espinacas o camote o

1 papa horneada mediana o

½ taza de espárragos, habichuelas o chícharos o

½ taza de brócoli o coliflor

Estos alimentos te dan a ti y a tu bebé fibra, vitamina A y algo de ácido fólico.

- Toma de 8 a 10 vasos de líquido al día.

- Hay programas que ayudan a las mujeres embarazadas y a las mamás que están dando pecho a obtener los alimentos saludables que ellas necesitan. Se llama el programa WIC (son las iniciales en inglés de Mujeres, Bebés y Niños). Puedes conseguir información sobre WIC en el consultorio de tu médico o al llamar a WIC directamente. Puedes encontrar el número de teléfono en el directorio telefónico bajo el nombre de Salud de las Madres y de los Bebés.

¿Qué debo hacer?

- Come 3 comidas y 3 bocadillos (botanas) todos los días.

- Come alimentos saludables. Lo siguiente es un ejemplo de cómo comer correctamente por un día.

Desayuno

4 onzas de jugo de ciruela

½ taza de cereal cocido con uvas pasas

1 huevo hervido

1 rebanada de pan tostado con una cucharadita de mantequilla

8 onzas de leche baja en grasa

Bocadillo de la mañana

1 manzana

Almuerzo

1 taza de sopa de verduras

1 emparedado (sándwich) de jamón y queso con tomate y lechuga

1 banana

8 onzas de leche baja en grasa

Bocadillo de la tarde

1 taza de trocitos de zanahoria

1 naranja

Cena

1 taza de ensalada con tomates

1 a 2 cucharadas de aderezo de ensalada

1 pan

½ taza de arroz

4 onzas de pescado o pollo horneado

½ taza de brócoli

Bocadillo de la noche

1 panecillo

8 onzas de leche baja en grasa

- Algunos pescados como el atún, el tiburón y el pez espada, pueden tener altas cantidades de mercurio. Es mejor evitar comer estos pescados cuando estás embarazada.

- Toma de 5 a 6 vasos de agua al día más 3 a 4 vasos de leche y otros líquidos.

- Evita comer comida chatarra (chucherías) como refrescos (sodas), papitas fritas y dulces. Estos alimentos harán que subas mucho de peso. Y no te dan lo que tu bebé necesita para crecer.

- Si no puedes tomar leche, pregúntale a tu médico qué puedes tomar para reemplazarla.

¿Cuándo debo llamar a mi médico o enfermera?

- Llama sí estas enferma del estómago y no puedes mantener ni comida ni líquidos en el estómago por 24 horas.

- Llama sí estas perdiendo peso.

- Llama sí estas subiendo más de una libra por semana.

- Llama a WIC si necesitas ayuda para comprar alimentos saludables. Puedes encontrar el número de teléfono en el directorio telefónico bajo el título de Salud de las Madres y de los Bebés.

El Ejercicio

¿En qué consiste?

El ejercicio consiste en mantenerse activa y en movimiento.

¿Qué necesito saber?

- El mantenerse activa durante el embarazo es seguro para la mayoría de las mujeres. El caminar rápido por 30 minutos todos los días es bueno.

- El nadar es un buen ejercicio. El agua no debe ser ni fría ni caliente.

- Las bañeras calientes y los baños de vapor no son buenos cuando estás embarazada.

- El ejercicio durante el embarazo es bueno. Puede:
  - Ayudar a relajarte.
  - Ayudar con el dolor de la espalda y el estreñimiento.
  - Disminuir la hinchazón en los pies y en los tobillos.
  - Ayudar a fortalecerte para el parto.

- Las mujeres no deben empezar un deporte nuevo o hacer un programa de ejercicios demasiado fuerte cuando están embarazadas. El pulso del corazón de una mujer embarazada no debe estar sobre los 140 latidos por minuto.

- Las mujeres embarazadas no deben hacer las siguientes cosas:

  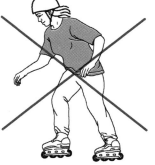

  - No hagas actividades que puedan causar caídas.

  - No hagas ejercicio hasta el punto de que estés demasiado cansada o estés sin aliento.

  - No hagas ejercicio en un lugar caliente.

  - No dejes que tu cuerpo se ponga demasiado caliente. Esto puede ser malo para tu bebé.

  - No hagas ejercicio sobe tu espalda después de los 4 meses de embarazo. Esto es malo para la circulación de la sangre.

¿Qué debo hacer?

- Habla con tu médico sobre los ejercicios que se puedan hacer con seguridad. Pregúntale si hay una clase de ejercicio de clases para las mujeres embarazadas.

- Ponte ropa suelta y en capas. Quítate algunas capas sí se pone muy caliente.

- Ponte zapatos con buen soporte. Tus pies se pueden hinchar cuando estás embarazada. Puedes necesitar una talla de zapatos más grande.

- Empieza a hacer ejercicio lentamente. Haz movimientos como para estirarte y empieza a caminar lentamente primero. A esto se le llama calentamiento.

- No pares de hacer ejercicio repentinamente. Sí estás caminando rápido, camina despacio por los últimos 10 minutos. A esto se le llama enfriamiento.

- No hagas ejercicio cuando tengas hambre. Come un bocadillo ligero de 1 a 2 horas antes de empezar a hacer ejercicio.

- No dejes de respirar cuando hagas ejercicio. Respira hacia dentro y hacia fuera.

- Debes poder hablar cuando haces ejercicio. Si no puedes, has ejercicio más despacio.

- Toma un vaso de agua antes de empezar y después de hacer ejercicio.

- Si tu orina es oscura, toma más líquidos. La orina oscura quiere decir que tu cuerpo está bajo de líquidos.

- Haz los siguientes ejercicios todos los días además de caminar y hacer otras actividades.

Ejercicio para los tobillos

Este ejercicio es bueno para la circulación de la sangre de las piernas y de los pies.

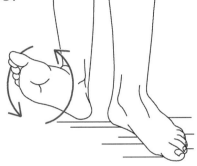

- Siéntate en una silla cómoda.

- Levanta tu pie derecho del piso.

- Dibuja un círculo en el aire con los dedos de los pies. Has 10 círculos.

- Ahora haz 10 círculos con el mismo pie en la otra dirección.

- Pon tu pie derecho abajo. Levanta tu pie izquierdo del suelo.

- Haz 10 círculos en cada dirección con el pie izquierdo.

- Haz ejercicio 2 veces al día.

Los ejercicios de la espalda

Estos son buenos para la espalda adolorida. Haz estos ejercicios 2 veces al día.

Ejercicio 1

- Ponte en cuatro sobre tus manos y tus rodillas. Mantén tu cuello en línea con tu espalda.

- Mantén tu espalda derecha. No dejes que se descuelgue la espalda.

- Arquea tu espalda hacia arriba como un gato. A la misma vez dobla la cabeza y el cuello debajo de ti.

- Tensa (aprieta) el vientre y el trasero.

- Lentamente baja tu espalda hasta que esté de nuevo derecha mientras que levantas la cabeza y el cuello.

- Haz esto 10 veces.

Ejercicio 2

- Acuéstate sobre tu lado derecho.

- Agárrate la pierna izquierda debajo de la rodilla

- Lentamente empuja tu pierna hacia arriba y fuera hacia el hombro.

- Sujétala así mientras cuentas hasta 20.

- Lentamente trae tu pierna hacia abajo.

- Haz esto 5 veces.

- Gira sobre tu lado izquierdo. Repite esto 5 veces con tu pierna derecha.

- Deja de hacer ejercicio inmediatamente si tienes alguno de los siguientes síntomas:

  - Te sientes débil o mareada.

- Te da dolor de cabeza o ves doble.
- Tienes dolor en alguna parte del cuerpo.
- Sientes que tu corazón está latiendo muy rápido.
- Tienes problemas para respirar.
- Empiezas a sangrar o gotear líquido de la vagina.

¿Cuándo debo llamar a mi médico o enfermera?

- Llama si empiezas un nuevo programa de ejercicios.
- Llama si quieres saber si algo es seguro para hacer.
- Llama si te sientes enferma durante o después de hacer ejercicio.

La Espera del Bebé de Mes a Mes

Apuntes

_____

_____

_____

_____

_____

_____

_____

_____

_____

_____

_____

_____

_____

_____

Mes 1

¿Qué ocurre?

Mi bebé:

- Al bebé se le llama embrión al comienzo del embarazo.

- Las partes del cuerpo del bebé apenas se están formando.

- El bebé mide cerca de media pulgada.

- El bebé pesa menos de una onza.

Mi cuerpo:

- No vas a tener tu regla mensual durante el embarazo.

- Puedes sentir malestar estomacal. Es posible que vomites varias veces al día. A esto se le conoce como náuseas del embarazo.

- Tus senos se sienten adoloridos y se pueden sentir agrandados.

- Te puedes sentir cansada.

- Puedes tener gases o agruras.

- Puede que tengas que orinar más seguido.

- Es posible que te sientas de la misma manera como cuando te va a venir la regla.

- Es posible que te sientas feliz, triste, o de mal genio. Puede que llores. Esto es normal. A esto se le llama cambios en el estado de ánimo.

¿Qué debo hacer?

- No fumes, no bebas alcohol ni uses drogas. Estos vicios le hacen daño al bebé para toda la vida.

- No tomes ningún medicamento a menos de que el médico te diga que está bien. Esto incluye los medicamentos sin receta o los que te haya recetado otro médico.

- Lee sobre otras cosas que no debes hacer en las páginas 16 a la 21.

- Come alimentos saludables. Lee sobre los alimentos en las páginas 29 a la 34.

- Come alimentos ricos en ácido fólico como las espinacas, el brócoli y los cereales enriquecidos con ácido fólico.

- No comas pez espada, tiburón o atún. Estos pescados pueden tener mucho mercurio lo cual es malo para el bebé.

Vitamina

- Es importante que tomes las vitaminas que el médico te recetó. Si las vitaminas te causan malestar en el estómago, tómalas con comida.

- Trata de descansar bastante.

- **Llama a tu médico o a tu enfermera sí:**

  - Estás muy enferma del estómago y no puedes retener líquidos ni comida en el estómago durante 24 horas.

  - Sí necesitas ayuda para dejar de fumar, tomar alcohol o usar drogas, llama al 1-800-662-4357 para encontrar un lugar dónde te puedan ayudar.

- Ve a ver tu médico. Hazlo aunque no te sientas enferma.

- Escribe una lista de preguntas que quieras hacer, como por ejemplo:

  - Me siento feliz y triste a la misma vez. ¿Por qué tengo tantos sentimientos?

  - Tengo que trabajar para poder pagar mis gastos. ¿Cuándo debo dejar de trabajar?

Las preguntas para mi consulta del día _____:
(fecha)

1. _____

   _____

2. _____

   _____

3. _____

   _____

4. _____

   _____

5. _____

   _____

¿Qué va hacer mi médico?

- Te hará una prueba de sangre o de orina para ver si estás embarazada. A esto se le llama prueba de embarazo.

- Tu médico te va a hacer muchas preguntas cómo si tomas alcohol, fumas o usas drogas.

- Dile a tu médico la verdad. El o ella está tratando de ayudarte para que tengas un bebé saludable. Tu médico no le puede decir a otras personas lo que tú le cuentes. Lo que tú le dices es confidencial.

- Te hará un examen físico. Este examen incluye una revisión del corazón, de los pulmones, del vientre, de los senos y de las piernas. El médico también te puede chequear los ojos, los oídos y la boca y revisarte el cuello y los senos para ver que no tengas bultos.

- Te hará un examen pélvico.

- Este examen se hace sobre una mesa donde abres las piernas. Un cobertor (o manta) de papel te cubrirá. El médico usa sus dedos para revisarte la vagina y el vientre. El médico va a sentir el cuello de la matriz (cerviz) y el tamaño, la forma y la posición de la matriz.

- Un aparato especial llamado espéculo se coloca dentro de la vagina para mantenerla abierta. Se toma una muestra de células del cuello de la matriz (cerviz) para detectar células con cáncer. 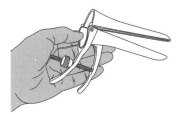 A esto se le llama papanicolau. Esta prueba no duele. Es posible que te saquen un poco de flujo de la vagina para examinar que no tengas enfermedades transmitidas sexualmente, llamadas también enfermedades venéreas.

- Te harán una prueba de sangre para saber tu nivel de azúcar en la sangre y para otras cosas.

- Te van a pedir que te hagas una prueba del VIH (el virus que causa el SIDA). El resultado de esta prueba es confidencial. Es muy importante que te hagas esta prueba. Una persona puede tener el VIH y no saberlo. El VIH se le puede pasar al bebé. Sí te das cuenta de que tienes VIH a tiempo, hay medicamentos que te pueden ayudar a ti y a tu bebé.

- Habla con tu médico sobre cualquier problema o pregunta que tengas.

- Tu médico te va a decir que debes hacer. Es posible que te den información para leer. Dile al médico sí no entiendes está información.

Lo que me dijo mi médico que hiciera:

_____

_____

_____

_____

_____

_____

_____

_____

_____

_____

Mes 2

¿Qué ocurre?

Mi bebé:

- El corazón del bebé está latiendo.
- El bebé tiene brazos y piernas.
- Los dedos de los pies y de las manos del bebé se están formando.
- El bebé mide cerca de una pulgada.
- El bebé pesa menos de una onza.

Mi cuerpo:

- Puede que ya hayas subido cerca de una libra o más.
- Tus senos se sienten más grandes y te pueden doler un poco.
- Puede que vomites todos los días. A esto se le llama las náuseas del embarazo. Te pueden dar a cualquier hora del día.
- Te puedes sentir cansada.
- Puede que tengas que orinar más seguido.
- Puede que se te haga difícil hacer del baño. A esto se le llama tener estreñimiento.
- Puedes tener gases o agruras.

- Puedes tener dolores de cabeza.

- Puede que quieras comer mucho de un solo tipo de comida, como helado. A esto se le llama antojos. Es importante que sigas una dieta saludable.

- Es posible que tu ropa te empiece apretar alrededor de la cintura.

- Este es el momento en el que te das cuenta que vas a ser madre. Empiezas a pensar mucho en esto. Un día puede que te sientas feliz, y otro día te sientas preocupada. Estos sentimientos son normales.

¿Qué debo hacer?

- No tomes ningún medicamento a menos de que el médico te diga que está bien. Esto incluye los medicamentos sin receta o los que te haya recetado otro médico.

- No tomes, no bebas alcohol ni uses drogas. Si necesitas ayuda para dejar de fumar, tomar alcohol o usar drogas habla con tu médico o llama al 1-800-662-4357.

- Mantente alejada de la gente que fuma. El respirar el humo es malo para ti y para tu bebé.

- Toma las vitaminas que el médico te recetó. Si las vitaminas te causan malestar estomacal, trata de tomarlas más tarde en el día y con comida.

- Sí tienes náuseas del embarazo, lee sobre lo que puedes hacer en las páginas 94 a la 95.

- Lee sobre otras cosas que puedes hacer para sentirte mejor en las páginas 96 a la 122.

- Descansa mucho.

- Come alimentos saludables. Lee sobre el comer en las páginas 29 a la 34. Toma por lo menos 8 vasos de líquido al día.

- Frótate la barriga con crema o aceite todos los días. Esto ayudará para que tu piel se estire a medida que el bebé crece.

- Lee sobre cuando debes llamar a tu médico en las páginas 12 y 14.

- Asegúrate de ver a tu médico, aún cuando te sientas bien.

- Escribe una lista de preguntas que quieras hacer, como por ejemplo:

  - Me dan muchos dolores de cabeza. ¿Es normal esto?

  - Me dan ganas de vomitar después de almorzar. ¿Es normal esto?

Las preguntas para mi consulta del día _____:

(fecha)

1. _____

   _____

2. _____

   _____

3. _____

   _____

4. _____

   _____

5. _____

   _____

¿Qué va hacer mi médico?

Sí esta es tu primera consulta al médico, ve las páginas 44 a la 47.

- Te pesará y tomará tu presión arterial.
- Te hará una prueba de orina para revisar el nivel de azúcar y de proteína.
- Revisará tus manos y pies para ver sí están hinchados.
- Revisará tus piernas para ver sí hay venas que sobresalgan.
- Te preguntará cómo te sientes.
- Hablará contigo sobre cosas nuevas que estés sintiendo.
- Te dirá los resultados de las pruebas.

Lo que me dijo mi médico que hiciera:

_____

_____

_____

_____

_____

_____

_____

_____

_____

Mes 3

¿Qué ocurre?

Mi bebé:

- Puedes escuchar el latido del corazón del bebé.

- El bebé tiene uñas suaves en los dedos.

- El bebé mide de 3 a 4 pulgadas.

- El bebé pesa casi una onza.

Mi cuerpo:

- Puede que hasta el momento hayas subido 2 o más libras de peso. Algunas mujeres que tienen muchas náuseas del embarazo pueden perder algunas libras.

- Puede que sientas muchas de las cosas que sentías durante el segundo mes.

- Tus senos pueden estar adoloridos.

- Puede que tengas malestar estomacal y vomites todos los días.

- Puede que te sientas muy cansada.

- Puede que tengas que orinar muy seguido.

- Puede que estés estreñida.

- Puede que tengas gases o agruras.

- Puede que tengas dolores de cabeza.

- Se te pueden hinchar los pies.
- Es posible que la ropa te apriete alrededor de la cintura.

¿Qué debo hacer?

- Lee sobre las señales de alerta en las páginas 12 y 13. Llama a tu médico inmediatamente si piensas que algo pueda estar mal.
- Toma las vitaminas todos los días y come saludablemente. Toma por lo menos 8 vasos de líquido al día.
- Descansa mucho.
- No fumes, no bebas alcohol ni uses drogas. Mantente alejada de la gente que fuma.
- No tomes ningún medicamento a menos de que el médico te diga que está bien.
- Asegúrate de ver a tu médico, aún cuando te estés sintiendo bien.
- Escribe una lista de preguntas que quieras hacer, como por ejemplo:
  - Me siento tan cansada todo el tiempo. ¿Es normal esto? ¿Cuándo me voy a sentir mejor?
  - ¿Cuándo voy a saber el sexo (sí el bebé va a ser niño o niña) de mi bebé?

Las preguntas para mi consulta del día _____:

(fecha)

1. _____
   _____

2. _____
   _____

3. _____
   _____

4. _____
   _____

5. _____
   _____

¿Qué va hacer mi médico?

Sí esta es tu primera consulta con el médico, ve las páginas 45 a la 46.

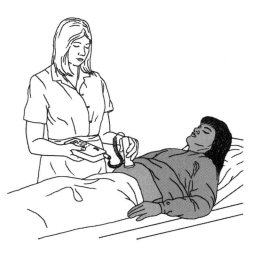

- Te pesará y tomará tu presión arterial.

- Revisará el latido del corazón del bebé. Esto se hace con un aparato especial que se coloca sobre tu barriga.

- Te hará una prueba de orina para revisar el nivel de proteína y de azúcar. Si hay demasiada azúcar, es posible que te hagan otras pruebas.
- Revisará tus manos y pies para ver sí están hinchados.
- Revisará tus piernas para ver si hay venas que sobresalgan.
- El médico puede hacerte un ultrasonido. Lee sobre esta prueba en las páginas 26 a la 27.

Lo que me dijo mi médico que hiciera:

_____

_____

_____

_____

_____

_____

_____

_____

_____

Mes 4

¿Qué ocurre?

Mi bebé:

- El bebé puede oír tu voz.
- El bebé se mueve y patea.
- El bebé empieza a chupar y a tragar.
- El bebé mide de 5 a 7 pulgadas.
- El bebé pesa cerca de 6 onzas.

Mi cuerpo:

- Has subido de 3 a 4 libras hasta ahora.
- Tus senos se siguen agrandando.
- Es posible que ya te sientas mejor y tengas más energía.

- Puede que ya no te den las náuseas del embarazo.
- Puede que quieras comer más.
- Puede que orines menos.
- Puede que todavía estés un poco estreñida.

- Puede que tengas un poco de flujo vaginal blancuzco.

- Puedes tener gases o agruras.

- Puede que te den dolores de cabeza.

- Tus encías pueden sangrar. Usa un cepillo de dientes suave. Ve al dentista para una revisión.

- Tus tobillos, pies y manos se pueden hinchar un poco.

- Tu barriga está creciendo. Ya se te empieza a ver el embarazo.

- Este es el momento en que puedes empezar a decirle a la gente que vas a tener un bebé.

¿Qué debo hacer?

- Toma las vitaminas que te recetó el médico todos los días. No tomes ningún medicamento sin antes preguntarle a tu médico.

- Come alimentos y bocadillos saludables. Lee sobre que alimentos comer en las páginas 29 a la 34.

- No uses ropa que sea apretada alrededor de tu vientre. Esto te puede dar malestar en el estómago.

- Lee sobre que hacer para las agruras en las páginas 96 y 97.

- Frótate la barriga con crema o aceite todos los días. Esto es bueno para la piel.

- **Llama al médico o a la enfermera si tienes alguno de los siguientes síntomas:**
  - Sangrado o líquido aguoso de la vagina
  - Dolores de barriga

- Tienes mucha sed
- Dolores de cabeza o visión borrosa
- Fiebre o escalofríos
- Otras señales de alerta (Ve la página 12 y 13)
- Consulta con el médico aunque te sientas bien.
- Escribe una lista de preguntas que quieras hacer, como por ejemplo:
  - ¿Dónde voy a tener a mi bebé?
  - Tengo mucho ardor en mi estómago. ¿Hay algo que pueda tomar?
  - Trabajo todo el día. Para el medio día, mis pies están hinchados y mis zapatos me quedan apretados. ¿Es normal esto?

Las preguntas para mi consulta del día _____:

(fecha)

1. _____

   _____

2. _____

   _____

3. _____

   _____

4. _____

   _____

5. _____

   _____

¿Qué va hacer mi médico?

- El médico te hablará sobre pruebas especiales de sangre llamadas pruebas triples AFP. Esta prueba es para ver sí tu bebé está bien.

- Te hará un análisis de sangre.

- Te pesará y tomará tu presión arterial.

- Revisará el tamaño del bebé y de tu matriz (útero). Esto lo hace al sentir con sus manos sobre tu barriga.

- Revisará los latidos del corazón del bebé.

- Te va hacer una prueba de orina para revisar el nivel de proteína y de azúcar. Si el nivel de azúcar está alto, es posible que te hagan otras pruebas.

- Revisará tus manos y pies para ver sí están hinchados.

- Revisará tus piernas para ver sí hay venas que sobresalgan.

- Hablará sobre como te sientes y los resultados de las pruebas.

Lo que me dijo mi médico que hiciera:

_____

_____

_____

_____

_____

_____

_____

Mes 5

¿Qué ocurre?

Mi bebé:

- El bebé patea y se mueve mucho.
- El bebé tiene cabello y uñas.
- La piel del bebé se empieza a cubrir de una capa blanca con textura como de queso.
- El bebé duerme y se despierta muchas veces.
- El bebé empieza a hacer los movimientos para chupar.
- El bebé crece hasta 2 pulgadas en este mes y ahora mide cerca de 10 a 12 pulgadas.
- El bebé pesa entre media a una libra.

Mi cuerpo:

- Has subido cerca de 8 libras durante el embarazo hasta ahora.
- La parte de arriba de la matriz (útero) se siente cerca de tu ombligo.
- Sientes que tu bebé se mueve mucho. El bebé tiene mucho espacio en tu vientre.

- Es posible que sientas como unos dolores sordos en la parte baja de tu vientre. Esto se debe a que tu vientre está creciendo.

- Puede que sientas tu corazón latiendo más rápido.

- Va a empezar a salirte una línea oscura en la mitad del vientre. Es posible que te salgan manchas en la cara. Estos cambios de la piel son normales y usualmente desaparecen después de que tengas el bebé.

- Tus senos están mucho más grandes. Tus pezones se han oscurecido. Los senos pueden gotear un líquido transparente y pegajoso. Esta es la primera leche que empieza a salir y se llama calostro.

- Puedes tener más flujo blanco de la vagina.

- La espalda te puede doler.

- Siempre tienes hambre. Tal vez quieras comer muchos dulces.

¿Qué debo hacer?

- Mantén muchos alimentos saludables a tu alrededor, como por ejemplo:

  - Tajaditas de zanahoria y apio

  - Frutas como plátanos y manzanas

  - Yogur

  - Crema de cacahuate (maní) y galletas de granos integrales

- Protégete la piel de la cara de los rayos del sol. El sol hará que las manchas de tu cara se pongan más oscuras. Usa bloqueadores solares con un factor de protección solar (SPF, en inglés) de por lo menos 20. Usa un sombrero para protegerte del sol.

- Usa zapatos buenos para caminar de suelas planas. Trata de no mantenerte de pie por mucho tiempo.

- Usa un sostén con buen soporte. Esto te puede ayudar a que no te duelan tanto los senos. Puedes comprar un buen sostén en una tienda de ropa para mujeres embarazadas.

- Lee sobre las señales tempranas del parto en las páginas 129 a la 132. Llama al médico inmediatamente si tienes cualquiera de los síntomas.

- Lee sobre las señales de alerta en las páginas 12 y 13.

- Frota tu barriga con crema o aceite todos los días.

- Pregúntale al médico sobre clases de preparación para el parto.

- Habla con el médico sobre el tipo de anticonceptivos que vas a usar después de dar a luz.

- Pídele a tu compañero o a una amiga o familiar que sea tu compañera o entrenador de parto. Esta persona va:
  - A ir contigo a las clases de preparación para el parto.
  - A llevarte al hospital si es posible.
  - A consolarte durante el parto.
  - A contar el tiempo de las contracciones.
  - A recordarte como debes respirar durante el parto.
- Planea como vas a llegar al hospital.
- Asegúrate de ver al médico aunque te sientas bien.
- Escribe una lista de preguntas que quieras hacer, como por ejemplo:
  - Tengo una comezón alrededor de la vagina. ¿Qué puedo hacer para calmar la comezón?
  - Mi orina está más oscura. ¿Hay algo malo?

Las preguntas para mi consulta del día _____:
(fecha)

1. _____

   _____

2. _____

   _____

3. _____

   _____

4. _____

_____

5. _____

_____

¿Qué va hacer el médico?

- Te pesará y tomará tu presión arterial.

- Revisará el tamaño del bebé y de tu matriz (útero).

- Te hará una prueba de orina.

- Revisará los latidos del corazón del bebé.

- Es posible que te hagan un ultrasonido. Esta prueba es para ver cómo está creciendo el bebé. Ve las páginas 26 y 27 para leer sobre esta prueba.

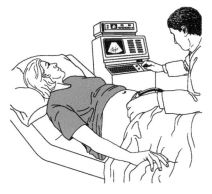

- El médico te dirá como se ven las cosas y responderá a tus preguntas. El o ella te dirá que tienes que hacer.

Lo que me dijo mi médico que hiciera:

_____

_____

_____

_____

_____

_____

_____

_____

_____

Mes 6

¿De qué se trata?

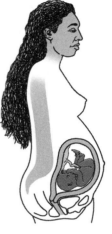

Mi bebé:

- El bebé patea y se mueve mucho.
- El bebé empieza a abrir los ojos.
- Los pulmones del bebé están formados.
- El bebé mide de 12 a 14 pulgadas.
- El bebé pesa cerca de 1 libra y media.

Mi cuerpo:

- Has subido cerca de 10 a 12 libras hasta la fecha.
- Tu vientre sigue creciendo. Te da comezón en la piel.
- Tu matriz (útero) está como del tamaño de una pelota de fútbol. La parte de arriba de la matriz está como a 2 pulgadas del ombligo.
- Tus zapatos posiblemente te aprietan. Tu cara se ve hinchada. Esto sucede porque tu cuerpo está reteniendo agua.
- Puede que te den calambres en las piernas y en los pies en la noche.
- Puede que te salgan hemorroides. Esto sucede cuando se te hinchan las venas del recto y pueden hasta sangrar.
- Puede que sientas tu nariz congestionada.

¿Qué debo hacer?

- Trata de no rascarte la barriga, y frótate con crema o aceite todos los días.

- Lee sobre el parto antes de tiempo en las páginas 129 a la 132. Aprende que debes hacer sí tienes cualquiera de estos síntomas.

- Lee sobre lo que puedes hacer para las hemorroides en las páginas 108 a la 110.

- Lee sobre la hinchazón de los pies en las páginas 114 a la 117.

- **Llama al médico o a la enfermera si tienes alguno de los siguientes síntomas:**

  - Si tu matriz empieza a apretarse (se siente dura) cada 10 o 15 minutos o más a menudo. A esto se le llama tener contracciones.

  - Cólicos que se sienten como dolores de menstruación.

  - Un dolor leve pero constante en la parte de abajo de la espalda. No es lo mismo que tu dolor de espalda normal.

  - Presión en la parte baja del vientre. Se siente como que el bebé está empujando hacia abajo.

  - Flujo vaginal espeso con sangre.

  - Chorro de agua o líquido que gotea de tu vagina.

  - Te sientes mareada o a punto de desmayarte.

  - Dolores de cabeza muy fuertes y se te nubla la vista.

  - Sientes que algo no está bien.

- Es muy importante ver al médico aunque te sientas bien.
- Escribe una lista de preguntas que quieras hacer, como por ejemplo:
    - Me falta el aliento cuando hago los quehaceres de la casa. ¿Es normal esto?
    - Mi nariz se siente congestionada. ¿Qué puedo hacer para respirar mejor?
    - Me dan calambres en las piernas muy fuertes de noche. ¿Qué puedo hacer?

Las preguntas para mi consulta del día _____:

(fecha)

1. _____
_____

2. _____
_____

3. _____
_____

4. _____
_____

5. _____
_____

¿Qué va hacer el médico?

- Te pesará y tomará tu presión arterial.
- Te hará una prueba de orina.

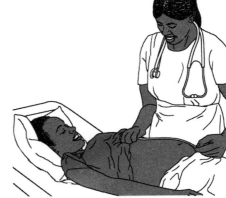

- Escuchará el corazón del bebé.
- Te sentirá y medirá tu barriga. Esto indica qué tan grande está el bebé.
- Te revisará la hinchazón de las manos, de los pies y de los tobillos.
- Te hablará de los problemas que puedas tener.
- Contestará tus preguntas.
- Te dirá que cosas debes hacer.

Lo que me dijo mi médico que hiciera:

_____

_____

_____

_____

_____

_____

_____

_____

_____

_____

Mes 7

¿Qué ocurre?

Mi bebé:

- El bebé patea y se estira para hacer ejercicio.
- El bebé se chupa el dedo.
- El bebé mide cerca de 15 pulgadas.
- El bebé pesa cerca de 3 libras.

Mi cuerpo:

- Has subido cerca de 16 a 20 libras hasta ahora. Vas a seguir subiendo una libra por semana durante este mes.
- Es posible que te estén saliendo estrías en el vientre y en los senos.
- Tus senos están adoloridos y pueden gotear un líquido transparente y pegajoso.
- Es normal que te sientas cansada. Es posible que tengas problemas para dormir.
- Sientes vida dentro de ti. Tú bebé se mueve seguido. Las patadas son cada vez más fuertes.
- Puedes tener más flujo blanco de la vagina.
- Las encías te pueden sangrar cuando te cepillas los dientes.

- Puede que te sientas con calor a toda hora. Esto es normal. Puede que sudes mucho. El sudar te enfría. También hace que pierdas los líquidos del cuerpo. Es por esto que necesitas tomar muchos líquidos.

- Puede que tengas más hinchazón en los pies y en los tobillos.

- Es posible que empieces a sentir que la matriz (útero) se aprieta y se relaja. A esto se le llama tener contracciones.

- Puedes sentirte un poco desequilibrada al caminar. Esto es normal porque tu vientre sobresale.

- Necesitas orinar seguido. Esto es normal porque el bebé está presionando sobre tu vejiga.

- Puede que tengas malestar estomacal (agruras) después de comer. El estómago está siendo presionado por el bebé.

¿Qué debo hacer?

- Ve a las clases de preparación para el parto. Estas clases te prepararán para el parto. Trae a tu compañero (a) de parto.

- Toma un tour del hospital dónde quieres dar luz.

- Lee sobre el parto antes de tiempo en las páginas 129 a la 132.

- **Llama a tu médico o enfermera si tienes alguno de los siguientes síntomas:**
  - Si tu matriz empieza a apretarse (se siente dura) cada 10 o 15 minutos o más a menudo. A esto se le llama tener contracciones. Las contracciones hacen que el cerviz se abra para que el bebé pueda pasar.
  - Cólicos que se sienten como dolores de menstruación.
  - Un dolor leve pero constante en la parte de abajo de la espalda. No es lo mismo que tu dolor de espalda normal.
  - Presión en la parte baja del vientre. Se siente como que el bebé esta empujando hacía abajo.
  - Flujo vaginal espeso con sangre.
  - Chorro de agua o líquido que gotea de tu vagina.
- No te frotes o jales los pezones para prepararlos para darle pecho al bebé. Hacer esto puede hacer que el parto comience antes de tiempo (que se te venga el bebé antes de tiempo). Es posible que la gente te diga que lo hagas pero no necesitas hacerlo.
- Un bebé saludable patea, se mueve y se voltea muchas veces durante el día. Cuenta que tan seguido se mueve el bebé. Hazlo todos los días. A esto se le llama conteo de patadas.
- Tu bebé se pone más activo después de que comes o tomas algo frío o después de que caminas de 5 a 10 minutos.

- Un buen momento para contar las patadas es después de una comida o de un bocadillo antes de dormir. Se hace de la siguiente manera:

  - Acuéstate sobre tu lado izquierdo.

  - Anota la hora de cuando el bebé se mueve por primera vez. Puede ser una patada o voltereta. Usa la tabla en la página 78.

  - Coloca una marca (✓) cada vez que el bebé se mueva.

  - Escribe la hora en la que el bebé se mueva por quinta vez.

  - Pregúntale al médico cada cuánto debes sentir al bebé moverse.

  - Llena la tabla en la página 78 todos los días. Te ayudará a mantener un registro de cada cuanto se mueve tu bebé. Muéstraselo al médico.

- Llama al médico inmediatamente si tu bebé deja de moverse tan seguido o si no sientes que se está moviendo.

- Hay otras maneras de llevar un control de qué tan seguido se mueve el bebé. Habla con el médico sobre lo que debes hacer.

- Sí tienes ardor en el estómago, trata de comer 5 o 6 comidas pequeñas durante el día. No te acuestes después de comer. Lee sobre lo que se puede hacer para el ardor en las páginas 96 a la 97.

- Usa zapatos planos para caminar. Ten cuidado de no caerte. Lee sobre como mantenerte segura en las páginas 124 a la 128.

- Siéntate con las piernas arriba o recuéstate varias veces durante el día.

- No le agregues sal a las comidas. Evita las comidas que tienen mucha sal. La sal hace que el cuerpo retenga agua. Esto hace que te hinches más. Lee acerca de otras cosas que puedes hacer para la hinchazón de los pies en las páginas 114 a la 117.

- Lávate los dientes con un cepillo suave.

- Asegúrate de tomar de 8 a 10 vasos de líquido todos los días. Evita los jugos de frutas con azúcar agregada. Estos te pueden causar altos niveles de azúcar en la sangre.

- Báñate más seguido si tienes calor. Usa ropa en capas para que te puedas quitar la ropa si te da mucho calor.

- Usa un sostén que te quede bien y te de buen soporte.

- Orina cuando sientas la necesidad. No trates de aguantar la orina. Haz ejercicio Kegel (página 112).

- No saques el estómago cuando estés de pie o caminando. Haz los ejercicios para la espalda en las páginas 101 y 102.

- Asegúrate de descansar lo suficiente. Duerme de costado con una almohada entre las piernas.

- Lee sobre que hacer si tienes problemas para dormir en las páginas 121 y 122.

- Asegúrate de ver a tu médico, aún si no te sientes enferma.

- Escribe una lista de preguntas que quieras hacer, como por ejemplo:

  - ¿Está bien tener relaciones sexuales todavía?

  - Estoy muy mal del estreñimiento y de las hemorroides, ¿Hay algo que pueda tomar?

  - ¿Cómo encuentro un médico para mi bebé?

Las preguntas para mi consulta del día _____:
(fecha)

1. _____

_____

2. _____

_____

3. _____

_____

4. _____

_____

5. _____

_____

¿Qué va hacer mi médico?

- Te pesará y tomará tu presión arterial
- Te hará una prueba de orina.
- Te hará pruebas de sangre.
- Revisará los latidos del corazón del bebé.
- Sentirá y medirá tu barriga por fuera para saber el tamaño de tu bebé.
- Revisará tus manos y pies para ver sí están hinchados.
- Hablará contigo sobre problemas que puedas tener.
- Responderá tus preguntas.
- Te dirá que cosas debes hacer.

Lo que me dijo mi médico que hiciera:

_____

_____

_____

_____

_____

_____

_____

_____

El conteo de patadas en el mes 7

Fecha	Hora de la primera patada	Marca con un ✓ cada patada	Hora de la quinta patada
Ejemplo	8:30 pm	✓ ✓ ✓ ✓ ✓	9:35 pm

Mes 8

¿Qué ocurre?

Mi bebé:

- El bebé está creciendo pero todavía patea y se da vueltas.
- El bebé mide cerca de 18 pulgadas.
- El bebé pesa cerca de 5 libras.

Mi cuerpo:

- Has subido de 20 a 24 libras hasta ahora.
- Puede que sientas como que se está acabando el espacio en tu vientre. La matriz (útero) esta como a 4 pulgadas más arriba de tu ombligo.
- Te duelen las coyunturas de la pelvis. Esto es normal. Tus coyunturas se están empezando a relajar para el parto.
- Las hemorroides pueden ser un gran problema. La cabeza del bebé está empujando hacia abajo. Esto causa que se hinchen las venas del recto.
- Puede que tengas más malestar del estómago y gas.
- Puede que sientas contracciones más fuertes en la matriz.

- Puede que sientas que no te llega suficiente aire. Esto es normal. La parte de arriba de la matriz (útero) está justo debajo de las costillas.

- Puede que te sientas torpe al caminar.

- Puede que te orines cuando te rías o tosas. Esto es normal, pero díselo a tu médico. Asegúrate que es orina y no otro líquido que estés goteando.

¿Qué debo hacer?

- Come comidas pequeñas más seguido. Evita comer comidas que te den gases como los frijoles.

- Siempre usa el cinturón de seguridad en el carro.

- Si vas en un viaje largo, para cada hora. Sal del carro y camina por 5 minutos.

- Usa zapatos planos para caminar. No trates de correr o caminar apresuradamente. Te puedes caer ya que estás llevando de 15 a 20 libras en frente tuyo.

- Ten cuidado de no caerte en la regadera o en la tina. Lee sobre otros consejos de seguridad en las páginas 124 a la 128.

- No te frotes ni te jales los pezones para que estén listos para dar pecho. Esto puede hacer que el parto empiece antes de tiempo. Mucha gente te puede decir que hagas esto, pero no hagas caso.

- Orina cada vez que sientas ganas. Haz ejercicios Kegel (ve la página 112). Es bueno para los músculos que retienen la orina. Los músculos fuertes también te ayudarán durante el parto.

- Todos los días, cuenta cada cuánto tu bebé patea o se mueve (ve la página 74). Escribe cuantas patadas cuentas en la tabla de la página 84. Llama al médico inmediatamente si tu bebé no se mueve o se mueve menos.

- **Llama al médico o ve al hospital si tienes cualquiera de los siguientes síntomas:**

  - Más de 4 contracciones por hora

  - Dolor o presión con las contracciones

  - Sangrado rojo y vivo de la vagina

  - Un chorro de líquido que te sale de la vagina

  - Subir de peso de repente. Más hinchazón en los pies, tobillos, cara y manos

  - Dolores de cabeza fuertes

  - Ves doble o borroso

  - Dolor o ardor cuando orinas

  - Calentura, dolor o piel enrojecida en una o en ambas piernas

- En el mes 8, el médico posiblemente quiera verte cada 2 semanas. Ve a todas tus consultas aunque te sientas bien.
- Escribe una lista de preguntas que quieras hacer, como por ejemplo:
  - Me empiezo a orinar cuando estornudo o toso. ¿Qué puedo hacer?
  - A veces me siento mareada. ¿Es normal esto?
  - ¿Todavía me puedo dar baños de tina?

Las preguntas para mi consulta del día _____:
                                                    (fecha)

1. _____

2. _____

3. _____

4. _____

5. _____

¿Qué va a hacer el médico?

- Te pesará y tomará tu presión arterial.
- Te hará una prueba de orina.
- Puede que te haga más pruebas de sangre.

- Escuchará los latidos del corazón del bebé.

- Sentirá y medirá tu vientre. De esta manera se dará cuenta que tan grande está tu bebé.

- Te revisará las manos, los pies y los tobillos para ver que tan hinchados están.

- Te hablará sobre cualquier problema que puedas tener.

- Responderá tus preguntas.

- Te dirá algunas cosas para hacer.

Lo que me dijo mi médico que hiciera:

_____

_____

_____

_____

_____

_____

_____

_____

_____

El conteo de patadas en el mes 8

Fecha	Hora de la primera patada	Marca con un ✓ cada patada	Hora de la quinta patada
<u>Ejemplo</u>	<u>8:30 pm</u>	✓ ✓ ✓ ✓ ✓	<u>9:35 pm</u>

Mes 9

¿Qué ocurre?

Mi bebé:

- El bebé tiene poco espacio para moverse.

- Los pulmones y las otras partes del cuerpo están formadas.

- El bebé empieza a bajar. Esto quiere decir que la cabeza del bebé se mueve hacia la pelvis.

- El bebé mide cerca de 20 pulgadas.

- El bebé sube cerca de media libra cada semana. Para el final del mes 9, el bebé pesa entre 6 y 9 libras.

Tu cuerpo:

- Es posible que subas solo un poco de peso este mes. Puede que no te den ganas de comer.

- Tu cuerpo empieza a prepararse para el parto. Los siguientes son algunos cambios que puedes tener:

  - Las contracciones te dan más seguido.

  - Tienes más flujo vaginal. El flujo es de color rosa con manchas cafés.

  - El cuello de la matriz se empieza a abrir y sus paredes se empiezan a adelgazar.

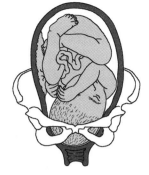

- El tapón de mucosa en el cuello de la matriz sale. Vas a ver un flujo vaginal de color entre rosa y café. Esto es cuando se rompe la fuente.

- El bebé se mueve hacia la parte de abajo de tu barriga.

- Empiezas a respirar mejor después de que el bebé se mueve hacia abajo.

- Vas a tener que orinar muy seguido después de que el bebé se mueve hacia abajo ya que está poniendo presión sobre la vejiga.

- Es posible que tu ombligo se salga.

- Puede que se te agranden las venas en las piernas.

- Puede que se te hinchen los pies y los tobillos.

- Puede que te sientas cansada.

- Puede que tengas dificultades para dormir. Esto es normal.

¿Qué debo hacer?

- Un bebé saludable se mueve muchas veces al día. Tu bebé se pone más activo después de que comes o tomas algo frío o caliente. Cuenta que tan seguido se mueve el bebé. Escribe el número de veces que tu bebé se mueve en la tabla de la página 91. Muéstrale esta tabla al médico.

- Descansa lo más que puedas.

- Come comidas saludables. Hazlo aunque no sientas hambre.

- Lee sobre lo que puedes hacer para las venas grandes en las piernas en las páginas 120 a la 121.

- Lee sobre lo que puedes hacer para los pies hinchados en las páginas 114 a la 117.

- Asegúrate de tener a alguien que te lleve al hospital.

- Asegúrate de saber como encontrar tu compañero o compañera de parto durante el día o de noche.

- Ten en mente que tipo de métodos anticonceptivos vas a usar después de que nazca tu bebé.

- Cuenta cada cuánto te vienen las contracciones y cuánto duran. Haz lo siguiente:

  - Ponte las manos en el vientre.

  - Siente como se va poniendo duro el vientre.

  - Cuenta cuantos segundos se tarda el vientre en ponerse blando de nuevo. Este es el tiempo que duró una contracción.

  - El número de minutos que pasan hasta que el vientre se pone duro de nuevo es el tiempo entre las contracciones.

- **Llama al médico o ve al hospital si tienes cualquiera de los siguientes síntomas:**
  - Sí el bebé se mueve menos o no se mueve para nada.
  - Sangrado de la vagina
  - Un chorro o una gotera de líquido que sale de tu vagina
  - Un líquido verde de la vagina.
  - Ves borroso o ves manchas
  - Te sientes mareada o a punto de desmayarte
  - Dolores de cabeza constantes o fuertes

- Empaca una maleta con las cosas que necesitarás en el hospital, como por ejemplo:

  - Una cámara con rollo
  - Un radio
  - Un libro para leer
  - Una libreta con los teléfonos de las personas a quienes deseas llamar
  - Calcetines y pantuflas
  - Cepillo de dientes y otros objetos personales
  - Los sostenes de amamantar y toallas higiénicas
  - La ropa que te vas a poner para regresar a la casa

- La ropa para el bebé
- Una cobija para el bebé
- El asiento de seguridad para el carro

• Puede que el médico te quiera ver cada semana durante este último mes. Asegúrate de ir a todas tus consultas. Dile al médico sobre las cosas nuevas que estás sintiendo.

• Escribe una lista de preguntas que quieras hacer, como por ejemplo:

- ¿Cómo voy saber cuándo empieza el parto?
- ¿Qué debo hacer cuándo empiece el parto?
- Los movimientos del bebé se sienten diferente. ¿Está bien todo?

Las preguntas para mi consulta del día _____:
(fecha)

1. _____

_____

2. _____

_____

3. _____

_____

4. _____

_____

5. _____

_____

¿Qué va hacer el médico?

- El médico te puede hacer una prueba de estrés y de no estrés. Lee sobre estas pruebas en las páginas 27 a la 28.

- Te pesará y tomará tu presión arterial.

- Te hará una prueba de orina.

- Revisará los latidos del corazón del bebé.

- Te revisará para ver si hay señales de problemas.

- Te hablará sobre las cosas nuevas que puedes sentir.

- El médico podría hacerte un examen pélvico para palpar como se siente el cuello de la matriz en la semana 38 a la 40. Esto puede indicar que tan cercano está el comienzo del parto.

Lo que me dijo mi médico que hiciera:

_____

_____

_____

_____

_____

_____

_____

_____

_____

_____

El conteo de patadas en el mes 9

Fecha	Hora de la primera patada	Marca con un ✔ cada patada	Hora de la quinta patada
Ejemplo	8:30 pm	✔ ✔ ✔ ✔ ✔	9:35 pm

Algunas Incomodidades que Puedes Tener

4

Apuntes

_____

_____

_____

_____

_____

_____

_____

_____

_____

_____

_____

_____

_____

_____

_____

El Malestar Estomacal y el Vómito (Las Náuseas del Embarazo)

¿Qué es?

Es la sensación de náuseas con o sin vómito. También se le conoce como náuseas del embarazo o mareos. Te pueden dar en cualquier momento del día, pero usualmente son peores por la mañana.

¿Qué necesito saber?

- Las náuseas del embarazo le dan a casi la mitad de todas las mujeres embarazadas. Usualmente desaparecen para el cuarto mes.

- Pueden ser la primera señal del embarazo.

- Las náuseas del embarazo son peores cuando el estómago está vacío.

- El olor de la comida te puede dar ganas de vomitar.

- Es posible que las comidas que te gustaban ya no te huelan o sepan bien.

¿Qué debo hacer?

- Mantén galletas sin sal y pastelitos de arroz cerca de la cama. Come unas cuantas galletas antes de que te levantes en las mañanas.

- Levántate lentamente.

- No comas o huelas comidas que te den ganas de vomitar.

- No tengas el estómago vacío. Es normal comer de 5 a 6 comidas pequeñas diarias cuando estás embarazada.

- No bebas líquidos con las comidas. Toma los líquidos entre comidas.

- Lleva bocadillos contigo cuando salgas.

- Come un bocadillo o botana, como un pastel de afrecho y leche, antes de acostarte en las noches.

- Los siguientes son alimentos que se pueden comer aún cuando tienes náuseas:
  - Galletas sin sal
  - Huevos duros
  - Palomitas de maíz sin mantequilla
  - Papas horneadas sin nada
  - Cereal seco
  - Tostada seca
  - Pastelitos de arroz

- No tomes ningún medicamento a menos de que tu médico te lo recete.

- Cepíllate los dientes después de vomitar.

¿Cuando debo llamar a mi médico o enfermera?

- Llama si te duele la barriga.

- Llama si no puedes retener comida o líquidos en el estómago por 24 horas.

- Llama si estás bajando de peso.

El Ardor en el Estómago (Las Agruras)

¿Qué es?

Es la sensación de ardor en la boca del estómago y en el pecho. También se le conoce como agruras.

¿Qué necesito saber?

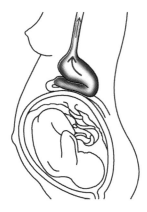

- A muchas mujeres les da agruras o ardor en el pecho. Pero esto no tiene nada que ver con el corazón.

- Los músculos del estómago se relajan durante el embarazo. El bebé que está creciendo presiona sobre el estómago. Esto hace que las comidas y el líquido que están en el estómago se devuelvan. Y por esto tienes la sensación de ardor en el pecho.

- Las siguientes cosas te pueden dar agruras o empeorarlas:
  - El café, el té, el chocolate y las sodas o gaseosas oscuras
  - Las comidas grasosas y muy condimentadas
  - El acostarse después de comer
  - El comer comidas grandes

El Ardor en el Estómago (Las Agruras)

¿Qué debo hacer?

- Come 5 o 6 comidas pequeñas diarias.

- Toma líquidos entre las comidas, y no con las comidas.

- Evita las comidas grasosas y muy condimentadas.

- No comas ni tomes alimentos con cafeína, como el café y el chocolate.

- Evita acostarte después de comer, espera siquiera una hora.

- No uses ropa apretada alrededor de la barriga.

- No te acuestes sobre algo plano. Mantén la cabeza y los hombros elevados 8 pulgadas. Coloca algo debajo del colchón para levantarlo.

- Come yogur y requesón o toma leche cuando tengas agruras.

- Si has tenido agruras, pregúntale al médico si puedes tomar antiácidos.

¿Cuándo debo llamar a mi médico o enfermera?

- Llama si has seguido los consejos anteriores y todavía tienes agruras fuertes.

El Dolor de Espalda

¿Qué es?

Es el dolor en la espalda.

¿Qué necesito saber?

* Muchas mujeres sufren de dolor de espalda durante el embarazo. El peso adicional del bebé que está creciendo le pone presión a la espalda.

* Las mujeres embarazadas a menudo sacan la barriga cuando caminan o están de pie. Esto le pone más presión a la espalda.

* Las mujeres embarazadas que tienen una buena postura tienen menos dolor de espalda.

* Algunas mujeres tienen un dolor que les baja a la pierna. Es causado porque el bebé presiona un nervio de la espalda. El acostarse sobre el otro costado puede ayudar a quitarle la presión al nervio.

* El dolor de espalda puede ser una señal de un parto antes de tiempo.

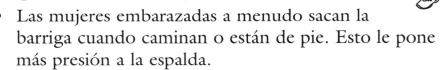

¿Qué debo hacer?

* No saques la barriga hacia adelante cuando estés de pie o cuando camines. Mantén la espalda derecha. Mete las pompas (el trasero) hacia adentro.

- Trata de no estar de pie por más de 30 minutos. Si tienes que estar de pie por mucho tiempo, coloca un pie en una banca baja. Cambia de pie cada 10 a 15 minutos. Camina cada 30 a 40 minutos.

- Usa zapatos planos con buen soporte.

- Siéntate en una silla con buen soporte para la espalda y los brazos. Usa una almohada pequeña para darle soporte a la parte baja de la espalda. Coloca los pies en una banca baja. Esto le quita la presión a la espalda.

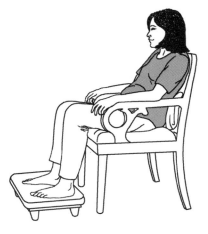

- No te sientes en un sólo lugar por más de una hora. Párate y camina cada 30 a 40 minutos.

- Trata de acostarte de costado varias veces al día. Coloca una almohada entre tus piernas y otra bajo tu barriga. Esto le da un descanso a tu espalda.

- No levantes cosas pesadas. Trata de conseguir a alguien para que te ayude a ir de compras al mercado.

- Si tienes que levantar cosas pesadas, hazlo de la manera correcta. Dobla las rodillas. Mantén la espalda derecha. Haz la fuerza para levantar con los brazos y las piernas.

- Cuando levantes algo, mantén lo que estés levantando cerca a tu cuerpo.

- No levantes cosas sobre tu cabeza. Esto puede lastimarte la espalda.

- El calor ayuda a aliviar el dolor de espalda. Coloca un cojín eléctrico que da calor sobre tu espalda por 20 minutos 2 o 3 veces al día. Usa el nivel más bajo. Coloca el cojín eléctrico en una toalla.

- Una ducha o un baño caliente te relajará la espalda. El agua se debe sentir tibia, y no caliente. No tomes baños calientes ni te sientes en tinas calientes durante el embarazo.

- Pídele a alguien que te de un masaje.

- No tomes ningún medicamento para el dolor de espalda.

- Los siguientes son algunos ejercicios que puedes hacer para ayudarle a la espalda.

Ejercicio 1

- Agáchate y ponte en cuatro (de manos y rodillas). Mantén el cuello y la cabeza alineadas con la espalda.

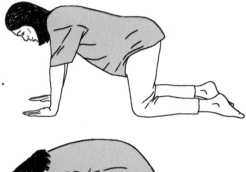

- Mantén la espalda derecha. No la dejes que se descuelgue.

- Arquea la espalda como un gato. Al mismo tiempo dobla el cuello y la cabeza hacia abajo.

- Lentamente endereza la espalda mientras que levantas la cabeza y el cuello.

- Repite esto 10 veces.

- Haz este ejercicio 2 veces al día.

Ejercicio 2

- Acuéstate sobre el costado derecho.

- Sujétate la pierna izquierda debajo de la rodilla.

- Lentamente empuja la pierna hacia arriba y hacia afuera en dirección del hombro.

- Sosténte así mientras cuentas hasta 20.

- Lentamente suelta la pierna que tenías sujetada.

- Haz esto 5 veces.

- Voltéate al lado izquierdo. Repite el ejercicio 5 veces con la pierna derecha.

- Haz este ejercicio 2 veces al día.

Ejercicio 3

- Sujétate de una silla.

- Mantén la espalda derecha.

- Agáchate doblando y abriendo las piernas.

- Voltea los pies un poco hacia afuera. Mantén los pies planos sobre el piso.

- Cuenta hasta 20, y luego párate lentamente.

- Repite esto 4 veces más.

- Haz este ejercicio 2 veces al día.

¿Cuando debo llamar a mi médico o enfermera?

- Llama si seguiste los consejos mencionados anteriormente, pero todavía tienes mucho dolor de espalda.

El Dolor de Espalda

- Llama si el dolor no es el dolor de espalda que tienes normalmente.

- Llama si tienes cólicos como si fueras a reglar.

- Llama si tienes los síntomas de un parto antes de tiempo que están en las páginas 129 y 130.

El Estreñimiento

¿De qué se trata?

Se trata de tener las heces demasiado duras y secas lo que hace que sea muy difícil hacer del baño.

¿Qué necesito saber?

- La mayoría de las mujeres embarazadas tienen algo de estreñimiento.
    - La matriz que está creciendo presiona sobre las heces en el intestino y hace que pasen más lentamente.
    - El hierro en las vitaminas puede causar estreñimiento.
- Hay algunas cosas que te pueden causar **más** estreñimiento:
    - El no tomar de 8 a 10 vasos de líquido.
    - El no estar activa.
    - El no comer suficiente fibra.
    - El no ir al baño en el primer momento que sientes ganas.
    - El comer mucho arroz y mucha pasta.
- Las mujeres embarazadas no deben tomar medicamentos (laxantes) para que les ayude a hacer del baño.
- El hacer demasiada fuerza para hacer del baño puede empeorar las hemorroides.

- El hacer heces grandes y duras pueden causar una herida pequeña (llaga) donde termina el recto (ano). Estas heridas son muy dolorosas y a menudo sangran.

- El tomar agua tibia con limón te puede ayudar a hacer del baño.

¿Qué debo hacer?

- Lo mejor que puedes hacer es comer alimentos ricos en fibra, cómo:

  - Frutas frescas y verduras

  - Cereales de grano integral (entero) y pan

  - Frutas secas como ciruelas, albaricoques y uvas pasas

  - Afrecho

- Toma líquidos tibios o calientes cuando te levantes. Desayuna todos los días.

- Toma de 8 a 10 vasos de líquido diarios. El jugo de ciruelas pasas es bueno para el estreñimiento.

- Manténte activa todos los días. Camina al menos 30 minutos todos los días.

- No tomes ningún medicamento (laxante). Habla con tu médico si el estreñimiento es grave.

- Trata de no hacer mucha fuerza cuando vas al baño a hacer del dos. El hacer mucha fuerza empeorará las hemorroides.

- No esperes ni ignores las ganas de hacer del baño. Ve al baño tan pronto como sientes las ganas de ir.

- Puedes entrenar tu cuerpo para hacer del baño a la misma hora todos los días. Lo siguiente es lo que puedes hacer:

  - Escoge una hora para hacer del baño. Después del desayuno es una buena hora.

  - No necesitas esperar hasta que sientas ganas de ir al baño.

  - Siéntate en el excusado (inodoro) por 15 minutos. Tu cuerpo va a empezar a desocuparse si te relajas.

  - Prueba tomar un vaso de agua tibia.

  - No te esfuerces.

  - No te quedes sentada en el excusado por más de 10 minutos.

  - Si no puedes hacer del baño, trata de nuevo 20 o 30 minutos después de tu próxima comida.

- Si estás muy estreñida, prueba echarle afrecho de trigo a tu comida. No tiene sabor y lo puedes comprar en el mercado.

  - El afrecho te puede dar gases, por lo que debes empezar usando solamente de media a una cucharadita.

  - Mézclalo con puré de manzanas o jugo de ciruelas pasas.

  - Toma un vaso lleno de agua después de tomar el afrecho.

  - También puedes echarle afrecho al cereal o mezclarlo con alimentos cocinados.

  - No uses más de 2 cucharadas de afrecho al día.

¿Cuándo debo llamar a mi médico o enfermera?

- Llama si has seguido los consejos anteriores, pero aún sigues estreñida.

- Llama si no haz hecho del baño en más de 3 días.

- Llama si tienes dolores en la barriga.

Las Hemorroides

¿Qué son?

Las hemorroides son venas hinchadas en el recto y alrededor de este.

¿Qué necesito saber?

* A muchas mujeres les da hemorroides durante el embarazo.
* Te pueden dar hemorroides tanto dentro como por fuera del recto.
* Las hemorroides son causadas por la presión del bebé sobre las venas del recto.
* Las hemorroides pueden causar comezón, dolor y sangrado. El sangrado de las hemorroides no es una señal de problemas con el embarazo.
* El estreñimiento empeora las hemorroides.
* Hay cosas que puedes hacer para aliviar las hemorroides.
* Las hemorroides a menudo desaparecen después del parto.

¿Qué debo hacer?

* Lee sobre cómo prevenir el estreñimiento en las páginas 104 a la 107.

- Evita la presión sobre las venas del recto haciendo las siguientes cosas:

  - Si puedes, acuéstate de costado unas cuantas veces al día. Acuéstate así cuando estés leyendo o viendo la televisión.

  - Duerme sobre tu costado y no sobre la espalda.

  - No te sientes ni estés de pie por mucho tiempo.

  - No hagas fuerza cuando hagas del baño.

- Mantén limpia el área del recto. Lávate con agua y jabón después de haber hecho del baño.

- Colócate bolsas de hielo en las hemorroides 2 o 3 veces al día.

- Pregúntale al médico si puedes usar medicamentos sin receta como Preparation H o supositorios de glicerina.

- Haz ejercicios Kegel (ver la página 112). Estos ayudan a la circulación de la sangre en esta área.

- Sentarse en agua tibia ayuda a aliviar las hemorroides. A esto se le conoce como baño sitz, en inglés. Los siguientes son los pasos a seguir:

  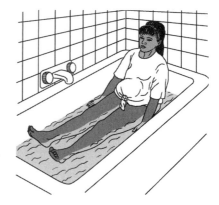

  - Siéntate en agua tibia en la tina por 20 minutos, 2 o 3 veces al día.

- El agua puede estar un poco más caliente que el agua de tu baño diario.
- El agua no debe cubrirte la barriga. Sólo debe cubrirte el trasero.
- Siéntate en una compresa de hielo después del baño en agua tibia (baño sitz). El frío ayudará a encoger las hemorroides.

¿Cuándo debo llamar a mi médico o enfermera?

- Llama si tienes mucho dolor en las hemorroides.
- Llama si tienes miedo de hacer del baño porque te duelen mucho las hemorroides.

El Orinar Frecuentemente

¿De qué se trata?

Se trata de que necesitas orinar más a menudo que antes que estuvieras embarazada.

¿Qué necesito saber?

- La mayoría de las mujeres orinan con más frecuencia cuando están embarazadas. Esto es normal.
    - La matriz que está creciendo presiona sobre la vejiga.
    - Tu cuerpo produce más orina cuando estás embarazada.
- Es importante tomar de 8 a 10 vasos de líquido al día.

- A algunas mujeres embarazadas les da infecciones de vejiga o de riñón. Esto es malo ya que puede causar un parto antes de tiempo. Los síntomas de una infección son:
    - El necesitar ir a orinar muy a menudo pero sólo para orinar una poca cantidad de orina.
    - Dolor o ardor al orinar.
    - Sangre en la orina.

- Escalofríos o fiebre.

- Dolor en la espalda o en la barriga.

- En la parte final del embarazo, algunas mujeres se orinan cuando se ríen o tosen. Esto es normal.

¿Qué debo hacer?

- Orina cuando sientas las ganas. No trates de aguantarte. Esto puede causar una infección.

- Trata de vaciar la vejiga completamente, pero no te esfuerces.

- Toma de 8 a 10 vasos de líquido todos los días. Para no tener que levantarse demasiadas veces en la noche, toma los líquidos antes de la 5 de la tarde.

- No tomes café, té o gaseosas (sodas).

- Haz ejercicios Kegel (lee el siguiente punto) para fortalecer los músculos alrededor de la vagina. Esto te ayudará a aguantar la orina.

- Los siguientes son los pasos a seguir para hacer un ejercicio Kegel:

  - Aprieta los músculos como si estuvieras deteniendo la orina para que no salga.

  - Aprieta fuerte y cuenta hasta 6. No aguantes la respiración.

  - Lentamente relaja los músculos.

  - Esto cuenta como un sólo ejercicio.

  - Aprieta y relaja el músculo 10 veces. Haz este ejercicio 5 veces al día.

- Puedes hacer los ejercicios Kegel en cualquier lugar. Puedes hacerlos cuando ves la televisión, lees un libro o lavas los platos.

- Haz que los ejercicios Kegel se conviertan en parte de tu rutina diaria.

  - Haz una serie de 10 ejercicios mientras que te cepillas los dientes en la mañana.

  - Haz otra serie de ejercicios durante el descanso de la mañana.

  - Haz una tercer serie de ejercicios durante el almuerzo.

  - Haz otra serie de ejercicios mientras lees o ves televisión.

  - Haz la última serie de ejercicios antes de acostarte.

- Usa una toalla higiénica si goteas orina. Vas a dejar de gotear orina después de que tengas el bebé.

¿Cuándo debo llamar a mi médico o enfermera?

- Llama si tienes dolor o ardor cuando orinas.
- Llama si tienes dolor en la parte baja de la barriga.
- Llama si tu vejiga se siente muy llena, pero sólo orinas un poco.
- Llama si tienes fiebre o escalofríos.

La Hinchazón de los Pies

¿De qué se trata?

Se trata de líquido en los pies y en los tobillos.

¿Qué necesito saber?

- Un poco de hinchazón en los pies y en los tobillos es normal. Esta se va formando durante el día y debe desaparecer para la mañana siguiente.
- La hinchazón es peor en climas calientes.
- Demasiada hinchazón puede ser una señal de un problema.
- La hinchazón de la cara o de las manos no es normal. Llama al médico.

¿Qué debo hacer?

- Siéntate con las piernas levantadas.
- No te quedes de pie por demasiado tiempo. Si tienes que estar de pie, usa medias con soporte.

- No uses medias de pantalón a la altura de la rodilla con un elástico apretado. Estas medias hacen que la circulación de la sangre hacia las piernas sea más lenta y pueden causar hinchazón y otros problemas.

- No cruces las piernas. Esto detiene la circulación en las piernas, y puede causar más hinchazón y otros problemas.

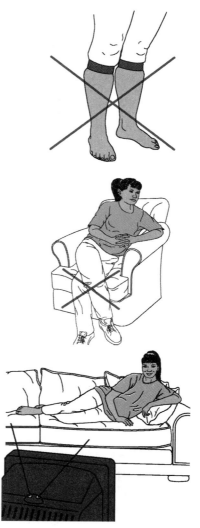

- Si puedes, acuéstate sobre el costado izquierdo durante el día. Hazlo mientras ves televisión o lees. Esto es bueno para la circulación de la sangre en las piernas.

- No le agregues sal a la comida. Evita alimentos que tienen demasiada sal, como por ejemplo:
  - Papitas fritas
  - Nueces saladas
  - Tocino

- ▪ Carnes frías

- ▪ Pepinos en vinagre

- ▪ Muchas sopas y verduras de lata

- ▪ Muchos jugos de verduras

Total Fat 2g	3%	Total Carb. 8g	3%
Sat. Fat 0.5g	3%	Fiber Less than 1g	3%
Cholest. 10mg	3%	Sugars 1g	
Sodium 890mg	37%	Protein 3g	
Vitamin A 4% • Vitamin C 0% • Calcium 0% • Iron 2%			

- • Lee las etiquetas de los alimentos para saber cuanta sal o sodio contienen. Evita los alimentos que tienen más de 400 miligramos de sodio por porción.

- • Haz ejercicios para los tobillos todos los días. Esto ayuda a la circulación de la sangre en las piernas y en los pies.

  - ▪ Siéntate en una silla.

  - ▪ Levanta el pie derecho.

  - ▪ Dibuja un círculo en el aire con los dedos de los pies. Haz 10 círculos.

  - ▪ Ahora haz 10 círculos con el mismo pie pero yendo en la dirección contraria.

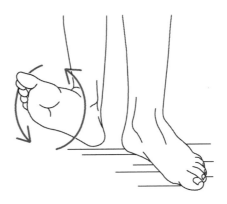

- Coloca el pie derecho en el piso. Levanta el pie izquierdo.
- Haz 10 círculos en ambas direcciones con el pie izquierdo.
- Haz este ejercicio 2 veces al día.

¿Cuándo debo llamar a mi médico o enfermera?

- Llama si subes 2 o más libras de peso en una semana.
- Llama si tienes mucha más hinchazón en los pies y en los tobillos.
- Llama si amaneces hinchada.
- Llama si tienes hinchazón en la cara y en las manos.

Otras Sensaciones que Puedes Tener

¿De qué se trata?

El bebé que está creciendo dentro de ti cambia tu cuerpo y como te sientes.

¿Qué necesito saber?

* Los siguientes son algunos cambios que puedes tener durante el embarazo:
    * Sentirte muy cansada
    * Cambios en el estado de ánimo
    * Venas grandes en las piernas
    * Dificultad para dormir
* Algunas mujeres se sienten enfermas durante el embarazo. Otras se sienten bien y tienen pocos problemas.
* El estar activa y comer alimentos saludables te van a ayudar a que te sientas de la mejor manera posible. Esto también es bueno para tu bebé.

¿Qué debo hacer?

* **El sentirte muy cansada:**
    * Te vas a sentir cansada durante los 3 primeros meses del embarazo y luego durante los 2 últimos meses.
    * Tómalo con calma. No trates de hacer demasiadas cosas.

Otras Sensaciones que Puedes Tener

- El sentirte demasiado cansada puede ser una señal de que no estás comiendo saludablemente. Lee sobre qué comer en las páginas 29 a la 34.

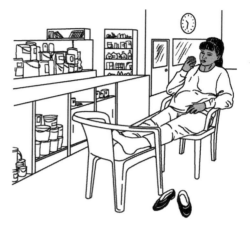

- Si trabajas, trata de trabajar menos horas. Toma descansos y siéntate con los pies elevados.

- Ponle cuidado a tu cuerpo. Si te sientes cansada, descansa más. Si puedes, toma una siesta durante el día.

- Acuéstate más temprano. Trata de dormir entre 8 a 10 horas todas las noches.

- Asegúrate de que haces suficiente ejercicio. Camina al menos 30 minutos al día.

- **Los cambios en el estado de animo**

  - Los cambios en el estado de ánimo ocurren cuando una se siente feliz en un momento y triste en el siguiente. Puede que llores por tonterías. Puede que te sientas ansiosa de ser mamá. Estos sentimientos son normales. Son causados por los cambios en tu cuerpo.

- Dile a tu familia y a tus amigos cómo te sientes. Pídeles que te den su apoyo.

- Descansa más. Puede que estés de mal genio cuando estás cansada.

- Evita tomar azúcar, cafeína y chocolate. Estos te pueden hacer sentir más ansiosa o triste.

- Sigue una dieta saludable. Haz ejercicio regularmente.

- Habla con tu médico si tienes:

  - Poco interés en las cosas que antes disfrutabas.

  - Cambios en la manera de comer (no tienes apetito o no puedes parar de comer).

  - Problemas para dormir, o quieres dormir a toda hora.

- **Las venas grandes en las piernas:**

  - Las venas en las piernas se pueden hinchar. A esto se le llama venas varicosas.

  - No uses medias que te aprieten las piernas, ya que esto puede cortar la circulación de la sangre en las piernas.

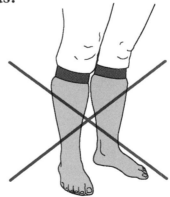

- Use medias con soporte si estás de pie o caminas mucho. Colócate las medias con soporte antes de levantarte en la mañana.

- No te sientes con las piernas cruzadas. Esto es malo para la circulación de las piernas.

- Evita estar de pie o sentada en un solo lugar por demasiado tiempo. Levanta las piernas cuando estés sentada.

- Haz ejercicio regularmente, como caminar. Esto es bueno para la circulación de las piernas.

- Lee acerca de la hinchazón de los pies en las páginas 114 a la 117.

- **La dificultad para dormir:**

  - Haz algo de ejercicio durante el día. No hagas ejercicio durante las 3 horas antes de irte a dormir.

  - Haz actividades que te relajen antes de irte a la cama, como:

    - Leer

    - Tomar un baño de agua tibia (no caliente)

    - Abrazarse y besarse

  - Evita comidas o bebidas con cafeína. Estas incluyen el café, té, chocolate y algunas gaseosas (sodas).

  - No tomes píldoras para dormir.

- Come un bocadillo ligero y un vaso de leche tibia antes de irte a dormir.

- Trata de no pensar en cosas que te preocupen.

- Es difícil sentirte cómoda durante los 3 últimos meses del embarazo. Acuéstate de costado con una almohada debajo de la barriga y otra entre las piernas.

- Toma los 8 a 10 vasos de líquido antes de la 5 de la tarde. Haz esto para que no te tengas que levantar a orinar varias veces por la noche.

- Si no puedes dormir, lee un libro o ve televisión. Haz esto hasta que te de sueño. No te preocupes por no poder dormir. El no poder dormir no te hace daño a ti ni a tu bebé.

¿Cuándo debo llamar a mi médico o enfermera?

- Llama antes de tomar cualquier medicamento que tu médico no te haya recetado. Esto incluye los medicamentos sin receta como las vitaminas y las hierbas.

- Llama si quieres saber si lo que estás sintiendo es normal.

Más Cosas Para Saber 5

A p u n t e s

Consejos de Seguridad

¿Qué son?

Son precauciones que uno toma para evitar lastimarse.

¿Qué necesito saber?

- Los mismos consejos de seguridad para las personas en general son los que se recomiendan para las mujeres embarazadas. Siempre ten cuidado cuando camines, manejes, trabajes o limpies.

- La forma de tu cuerpo cambia durante el embarazo. Esto te puede hacer inestable, haciendo que te tropieces y te caigas con facilidad.

- Las mujeres embarazadas se pueden sentir mareadas o desmayarse. Si te sientes mareada o débil, siéntate inmediatamente. Si estás manejando, estaciónate a un lado del camino.

- Las mujeres embarazadas deben usar cinturones de seguridad. La correa de la cintura debe usarse debajo de la barriga.

- Las mujeres embarazadas deben evitar el usar detergentes fuertes. Estos producen vapores que pueden ser dañinos.

- Las mujeres embarazadas no deben lavarse el interior de la vagina con agua. A esto se le llama una ducha vaginal.

- No tomes baños calientes ni hagas demasiado ejercicio. Es malo calentarse el cuerpo demasiado cuando una está embarazada.

- No te des baños calientes ni te sientes en tinas con agua caliente, ni te metas en baños de vapor. El agua con la que te bañas debe sentirse solo un poco más tibia que tu piel.

- Algunas mujeres embarazadas son golpeadas por sus parejas. Esto puede causar un parto antes de tiempo o la pérdida del bebé. Las mujeres frecuentemente se sienten avergonzadas. Ellas tratan de esconder el hecho de que están abusando de ellas.

- Las mujeres deben obtener ayuda para detener el abuso. Hay una línea de ayuda que atiende las 24 horas a la cual las mujeres pueden llamar para pedir ayuda. El número es el 1-800-799-7233 o 1-800-787-3224, para sordomudos.

- En el comienzo de la guía telefónica también hay una lista de números a los cuales las mujeres pueden llamar para pedir ayuda. Hay que buscar bajo Abuso Infantil y Violencia Doméstica.

¿Qué debo hacer?

- Consigue ayuda si tu pareja te pega. Habla con tu médico o llama al 1-800-799-7233.

Consejos de Seguridad

- Siempre usa un cinturón de seguridad cuando viajes en un auto. Coloca la correa de la cintura lo más bajo que puedas debajo de tu barriga. Ponte la correa del hombro sobre el hombro y a través del centro de tu pecho. No te la pongas detrás de la cabeza o debajo del brazo.

- Nunca te subas en una silla o en una escalera.

- Trata de no levantar cosas pesadas. Si tienes que levantar algo, agáchate y levántate usando las rodillas. Mantén tu espalda derecha.

- Agárrate de algo cuando te agaches o cuando te levantes.

- Usa zapatos bajos que te queden bien. No uses zapatos de tacón alto.

- Mantén el suelo libre de alambres de teléfono y otras cosas con las que te puedas tropezar. Retira los tapetes en los que te puedes resbalar.

- Agárrate de los pasamanos cuando subas o bajes las escaleras.

- No te des duchas vaginales. Esto no es seguro cuando estás embarazada.

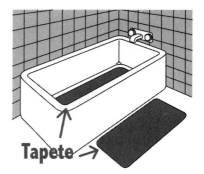

- Usa tapetes de hule en la tina y en la regadera (ducha). Ten cuidado cuando entres y salgas de la tina o ducha.

Tapete →

- Evita caminar en el hielo o en la nieve.

- Duerme de 8 a 10 horas todas las noches. No te esfuerces a hacer cosas cuando te sientas cansada. Descansa cuando te sientas cansada.

- Lávate las manos frecuentemente. Lávate las manos después de tocar carne cruda y a las mascotas.

- No limpies la caja de desperdicios del gato. Puedes contraer una enfermedad que puede hacerle daño a tu bebé.

¿Cuándo debo llamar a mi médico o enfermera?

- Llama si tienes preguntas sobre algo que quieras hacer.

- Llama si te caíste o tuviste un accidente.

- Llama si tu pareja te pega o te hace daño.

- Hay una línea de ayuda que atiende las 24 horas a la cual las mujeres pueden llamar para pedir ayuda. El número es 1-800-799-7233 o 1-800-787-3224, para sordomudos.

- Al comienzo de la guía telefónica también hay una lista de números bajo Abuso Infantil y Violencia Doméstica, a los cuales las mujeres pueden llamar para pedir ayuda.

El Parto Antes de Tiempo

¿Qué es?

El parto antes de tiempo es el parto que empieza de 3 a más semanas antes de tiempo.

¿Qué debo saber?

- Los bebés necesitan 40 semanas para crecer. Un bebé todavía no está listo para nacer antes de la semana 37.

- El parto antes de tiempo es algo malo. Los bebés que nacen antes de tiempo frecuentemente son pequeños y enfermizos.

- Existen medicamentos que pueden parar el parto antes de tiempo. Estos medicamentos deben tomarse inmediatamente para prevenir que el bebé nazca antes de tiempo.

- Las siguientes son señales de alerta de un parto antes de tiempo:

  - El útero se empieza a apretar (sentir duro). Esto pasa cada 10 a 15 minutos o más a menudo. A esto se le llama tener contracciones. Las contracciones hacen que el cuello de la matriz se abra para que el bebé pueda pasar.

- Dolores de barriga como si te estuviera bajando la regla.

- Dolor sordo de la parte baja de la espalda. No es igual a tu dolor de espalda normal.

- Presión en la parte de abajo del vientre que se siente como que el bebé está empujando hacia abajo.

- Flujo vaginal espeso con algo de sangre.

- Líquido que gotea o chorrea de tu vagina.

- Un sentimiento de que algo no está bien.

- Algunas de las siguientes cosas pueden causar un parto antes de tiempo:

  - El fumar o estar alrededor de alguien que fuma.

  - El tomar alcohol, como vino, cerveza, o licores fuertes.

  - El tomar drogas como la cocaína, la marihuana y los estimulantes.

  - El ser golpeada o abusada.

  - El tomar medicamentos sin la aprobación de tu médico.

  - Las caídas y otros accidentes.

  - El trabajo o el ejercicio muy fuerte.

  - El tomar baños calientes.

  - El tomar laxantes.

  - El frotarte los pezones.

  - La fiebre alta.

  - La presión arterial alta.

¿Qué debo hacer?

- Evita hacer cosas que pueden causarte un parto antes de tiempo.

- Si piensas que puedes estar teniendo contracciones, haz lo siguiente:

  - Deja de hacer lo que estás haciendo.

  - Ve y orina.

  - Toma 2 vasos de agua.

  - Recuéstate. Coloca tus manos en tu barriga y siente las contracciones.

  - Cuenta cuántas veces tu útero se endurece y ablanda. Esto es una contracción. Cuenta cuántas contracciones tienes en una hora.

- Llama a tu médico si:

  - Tienes más de 4 contracciones en una hora, o

  - Tienes cualquiera de las señales de alerta que aparecen en las páginas 129 y 130.

- Llama a tu médico inmediatamente. No esperes a ver qué pasa.

- Tu médico te hará preguntas como:
  - ¿Tienes cólicos o dolor?
  - ¿Qué tan frecuentes son las contracciones?
  - ¿Hay algún líquido que sale de tu vagina?
  - ¿Estás sangrando?

- Es posible que tu médico te diga que te recuestes en tu lado izquierdo por una hora y que tomes 4 vasos de agua.

- Tu médico te puede decir que vayas a su consultorio o vayas al hospital.

- Haz lo que te diga el médico.

¿Cuándo debo llamar a mi médico o enfermera?

- Llama si tienes las señales del parto antes de tiempo.
- Llama si no estás segura que lo que estás sintiendo es normal.

Las Mamás que Trabajan

¿De qué se trata?

Muchas mujeres embarazadas trabajan fuera del hogar. Existen cosas que puedes hacer para mantener seguro a tu bebé.

¿Qué necesito saber?

- La mayoría de las mujeres saludables pueden trabajar mientras que están embarazadas. Muchas mujeres trabajan hasta el momento que tienen el bebé. Es buena idea tomarse las últimas 4 semanas libres si es posible.

- Hay muchos tipos de trabajos, y algunos trabajos tienen riesgos. Los riesgos son cosas que pueden hacerle daño a tu bebé. Algunos riesgos son:

  - El trabajar con metales como el plomo u otros venenos.

  - El trabajar con químicos o vapores.

  - El trabajar cerca de los rayos x.

  - El levantar cosas pesadas u otro tipo de trabajo fuerte.

  - El trabajar con máquinas que vibran o que son pesadas.

- El estar parada por más de 3 horas al día.
- El trabajar más de 8 horas diarias.
- Cambios constantes en el turno del trabajo (el trabajar de día, luego de noche, y luego otra vez de día)
- Mucha tensión emocional
- El trabajar donde hay ruidos fuertes o en lugares muy fríos o muy calientes.

- Tu médico te puede decir si tu trabajo es riesgoso para ti o para tu bebé.

- Las personas en tu trabajo te pueden ayudar si tu trabajo tiene riesgos. Es posible que tengan que cambiar el trabajo que haces para proteger a tu bebé.

- No te pueden correr del trabajo solo porque estás embarazada. Existen leyes que te protegen para que no seas despedida. Consulta con tu oficina local de empleo para informarte sobre estas leyes. También puedes llamar al 1-800-669-4000 para informarte sobre tus derechos. Este es el número de teléfono para la Comisión para la Igualdad en la Oportunidad de Empleo.

- Si te enfermas y no puedes trabajar, es posible que puedas obtener beneficios por incapacidad o por desempleo. Podrías recibir dinero durante el tiempo que no estás trabajando. Infórmate sobre tus beneficios en el trabajo. También puedes llamar o ir a tu oficina de empleo local.

- El Acta de Vacaciones Familiares por Razones Médicas es una ley que te permite tomar tiempo libre si estás enferma o después de que tengas tu bebé. Puedes tomar tiempo libre y mantener tu empleo.

- Si necesitas ayuda, habla con tu trabajadora social. Puedes encontrar una trabajadora social en tu clínica de salud o en el hospital donde vas a tener a tu bebé.

¿Qué debo hacer?

- Dile a tu médico sobre lo que haces en tu trabajo. Menciónale sobre cualquier riesgo que pueda haber, y pregúntale que puedes hacer al respecto.

- Lee las reglas sobre el embarazo de tu trabajo. Aprende sobre las leyes de tu estado sobre el embarazo y el trabajo. Conoce tus derechos antes de decirle a tu jefe que estás embarazada.

- Habla con tu médico y tu familia sobre cuanto tiempo libre tendrás que tomar.

- Dile a tu jefe cuanto tiempo libre vas a necesitar. También dile cuando vas a regresar al trabajo.

- Trata de descansar varias veces durante el día. Si estás de pie la mayor parte del tiempo, siéntate durante la hora de almuerzo y durante los descansos. Lee sobre lo que puedes hacer para el dolor de espalda en las páginas 98 a la 103.

- Usa tu carro para descansar si no hay otro lugar. Si no tienes carro, pregúntale a alguien si puedes usar su carro.

- Trata de subir los pies lo más que puedas. Coloca una almohada debajo de tus pies.

- Usa medias de soporte hechas para mujeres embarazadas. Estas ayudan a la circulación de la sangre en las piernas. Póntelas antes de levantarte en las mañanas. Pídele a tu médico que las ordene. Es posible que tu seguro médico cubra su costo.

- Usa zapatos planos que se sientan bien.

- Estira tus piernas una vez cada 30 minutos. Haz ejercicios para los tobillos cada 2 a 3 horas.

- Si estás sentada la mayor parte del tiempo, trata de pararte y caminar por 2 a 3 minutos cada hora.

- Lleva un suéter al trabajo. Quítatelo si tienes calor. Póntelo si tienes frío.

- Si trabajas con metales o químicos, asegúrate de hablar con tu médico sobre los riesgos para tu bebé.

- No levantes cosas pesadas. Pide ayuda si la necesitas.

- No te subas a escaleras, ni hagas cosas que puedan hacer que te caigas.

- Si te piden que hagas algo que piensas que le puede hacer daño a ti o a tu bebé, no lo hagas. Habla con tu jefe sobre esto. Asegúrate de decírselo a tu médico.

¿Cuándo debo llamar a mi médico o enfermera?

- Llama si quieres saber si tu trabajo es seguro.

- Llama si te piden en el trabajo que hagas algo que pueda hacerle daño a ti o a tu bebé.

- Llama si necesitas hablar con una trabajadora social sobre tus derechos.

Las Relaciones Sexuales Durante el Embarazo

¿De qué se trata?

Se trata de hacer el amor cuando la mujer está embarazada.

¿Qué debo saber?

- El amor y el afecto son importantes durante el embarazo.

- El embarazo cambia los sentimientos de una mujer respecto a las relaciones sexuales. Es posible que el deseo sexual de una mujer suba o baje. Esto no es igual para todas las mujeres ni para todos los embarazos.

- Algunas mujeres disfrutan más de las relaciones sexuales durante este tiempo ya que no se tienen que preocupar de quedar embarazadas.

- Algunas personas se preocupan de hacerle daño al bebé durante el embarazo.

- Las relaciones sexuales durante el embarazo son seguras si la mujer no tiene ningún problema. **No debes** tener relaciones sexuales si ya se te ha roto la fuente. Debes ir al hospital después de que se te rompa la fuente.

Las Relaciones Sexuales Durante el Embarazo

¿Qué debo hacer?

- Habla con tu médico si tienes preguntas sobre las relaciones sexuales.

- Habla con tu médico sobre las relaciones sexuales si:

  - Has perdido a un bebé anteriormente.

  - Has tenido un bebé prematuro anteriormente.

  - Tu o tu pareja tiene una enfermedad de transmisión sexual (enfermedad venérea).

  - Tienes sangrado vaginal.

  - Tienes dolor durante las relaciones sexuales.

  - Tienes problemas con tu embarazo.

  - Te han dicho que tu placenta está en el lugar incorrecto.

- Puedes tener relaciones sexuales las veces que quieras a menos que tu médico te diga lo contrario. Usa posiciones que no presionen tu barriga.

- Demuestra cariño de otras maneras si no puedes o no te sientes con deseo de tener relaciones sexuales. Da muchos besos y abrazos. Da y recibe masajes de espalda y de pies. Tóquense el uno al otro tiernamente.

- Habla con tu pareja sobre como te sientes. Se abierta y honesta.

- Deja de tener relaciones sexuales y llama a tu médico si sangras, tienes dolor, o si se te rompe la fuente.

¿Cuándo debo llamar a mi médico o enfermera?

- Llama si tienes preguntas sobre las relaciones sexuales.

El Tener un Resfriado o la Gripa

¿De qué se trata?

Muchas mujeres se resfrían o les da la gripa mientras que están embarazadas.

¿Qué necesito saber?

- Las mujeres embarazadas deben consultar con su médico antes de recibir una vacuna contra la gripa.

- Las personas contraen más resfriados cuando están cansadas o débiles.

- Los resfriados y la gripa son causados por un virus. No hay medicamentos para matar los virus.

- Los antibióticos no funcionan contra los resfriados o contra la gripa ya que no pueden matar a los virus.

- Lo mejor que puede hacer una mujer embarazada es mantenerse lejos de las personas que están enfermas.

- Un resfriado o la gripa puede durar de 8 a 10 días.

- Algunos de los síntomas de un resfriado o gripa son:
  - Estornudo
  - Ojos llorosos

- Dolor de cabeza
- Dolores en los músculos
- Fiebre
- Pérdida del apetito

- Puedes tener una fiebre alta con un resfriado o una gripa. Una fiebre alta puede hacerle daño a tu bebé. Llama a tu médico si tienes una fiebre de 100.6 grados Fahrenheit o más alta.

- Un resfriado o gripa puede convertirse en otras enfermedades como la infección de garganta.

¿Qué debo hacer?

- Trata de mantenerte bien de salud. Descansa bastante. Come alimentos saludables y toma de 8 a 10 vasos de líquido diarios.

- Pregúntale a tu médico si debes recibir la vacuna contra la gripa.

- Lávate las manos frecuentemente. Mantén tus manos lejos de tu cara.

- Lávate las manos antes de comer.

- No compartas comidas o bebidas con otras personas.

El Tener un Resfriado o la Gripa

- Manténte lejos de las personas que tosen o estornudan. Voltea la cabeza si alguien tose o estornuda.

- Si sientes que te estás enfermando, descansa más. Toma más líquidos

- Si te resfrías, descansa en la cama. Come lo más que puedas. Toma de 10 a 12 vasos de líquido.

- Si tienes la nariz tupida, usa un humedecedor de ambiente.

- Si tienes fiebre:

  - Date un baño o una ducha fría.

  - Usa ropa que te mantenga fresca.

  - Toma muchos líquidos frescos.

- No tomes ningún medicamento a menos que tu médico te diga que está bien.

- Pregúntale a tu médico si puedes tomar Tylenol para bajar tu fiebre.

¿Cuándo debo llamar a mi médico o enfermera?

- Llama si tienes un salpullido rojizo.

- Llama si tienes una fiebre de 100.6 grados Fahrenheit o más alta.

- Llama si tienes dolor en los oídos o en la garganta.

El Tener un Resfriado o la Gripa

- Llama si tienes machas blancas o amarillas en la parte trasera de tu garganta.

- Llama si toses y te sale una flema espesa verde o amarilla.

- Llama si tienes otros síntomas como diarrea, vómito o dolor al orinar.

- Llama si no te recuperas en 8 días.

El Perder el Bebé

¿De qué se trata?

Se trata de la pérdida del embarazo. Es cuando el bebé nace antes de tiempo y no sobrevive.

¿Qué necesito saber?

- El perder un bebé se conoce como un aborto involuntario. Puede ocurrir en cualquier momento en las primeras 20 semanas del embarazo, y sucede en 1 de cada 5 embarazos.

- Los síntomas de un posible aborto involuntario son:

  - Sangrado vaginal con cólicos en la parte de abajo del vientre.

  - Coágulos o tejido rosado o gris que sale de la vagina.

  - Dolor de estómago fuerte.

  - Mucho sangrado.

  - Manchas en la ropa interior por 3 días.

- Una mujer debe llamar a su médico si tiene síntomas de que va a perder al bebé.

- En la mayoría de los casos se desconoce la razón de la pérdida del bebé. Algunas mujeres pueden perder más de un bebé.

- Las siguientes cosas pueden causar que una mujer pierda un bebé:
  - Fumar, tomar bebidas alcohólicas o tomar drogas
  - Fiebre alta
  - Trabajar o hacer ejercicio muy intensamente
  - Tomar medicamentos dañinos para el bebé
  - Una caída seria u otro accidente
- A algunas mujeres les pegan sus parejas. A esto se le llama abuso, y puede causar que una mujer pierda su bebé.
- Las mujeres usualmente se sienten avergonzadas y tratan de ocultar el abuso. Ellas necesitan ayuda para protegerse a ellas mismas y a sus bebés. Existe una línea de ayuda a la cual las mujeres pueden llamar para pedir ayuda. El número es el 1-800-799-7233 o 1-800-787-3224, para sordomudos.
- Al comienzo de la guía telefónica también hay una lista de lugares donde uno puede llamar a pedir ayuda (ver Abuso Infantil y Violencia Doméstica).
- Una mujer debe esperar 3 meses después de perder un bebé antes de intentar quedar embarazada de nuevo.

¿Qué debo hacer?

- Si tienes un poco de sangrado vaginal, recuéstate y descansa. Es posible que no estés perdiendo al bebé.
- Si tienes síntomas de un aborto involuntario o si piensas que tuviste un aborto involuntario, ve con tu médico.

- Si algo sale de tu vagina, ponlo en un frasco y llévaselo a tu médico.

- Consigue ayuda si tu pareja te pega.

¿Cuándo debo llamar a mi médico o enfermera?

- Llama si piensas que estás perdiendo a tu bebé.

- Llama si te has lastimado o estuviste en un accidente.

- Llama a pedir ayuda si tu pareja te pega. Lee el comienzo de la guía telefónica bajo Abuso Infantil Violencia Doméstica o llama al 1-800-799-7233 o al 1-800-787-3224, para sordomudos.

El Nacimiento de tu Bebé

Apuntes

_____

_____

_____

_____

_____

_____

_____

_____

_____

_____

_____

_____

_____

_____

_____

El Comienzo del Parto

¿De qué se trata?

El comienzo del parto es
cuando las contracciones de la
matriz (útero) se hacen cada vez
más fuertes y más frecuentes.
Estas contracciones empujan al
bebé hacia abajo y abren el
cuello de la matriz (el cerviz).

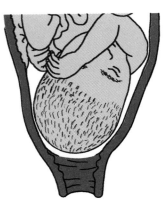

¿Qué necesito saber?

- El comienzo del parto es algo natural que lleva al
  nacimiento de un bebé.

- Es útil tener a alguien que te acompañe durante todo
  el parto. Esta persona puede ser el padre del bebé, un
  familiar o una amiga. Esta persona será tu compañero
  de parto o entrenador. El o ella te va a:

  - Consolar

  - Medir el tiempo de tus contracciones

  - Ayudar a respirar durante las contracciones

  - Recordar que tienes que descansar entre las
    contracciones

- El cuerpo de una mujer empieza a prepararse para el
  comienzo del parto en el último mes del embarazo.

El Comienzo del Parto

- Algunas mujeres empiezan el parto lentamente. Tienen cólicos de mediana intensidad o dolor de espalda.

- El comienzo del parto puede empezar rápidamente con un chorro de líquido transparente que sale de la vagina. Esto pasa cuando se rompe la fuente, o sea cuando la bolsa de agua donde está el bebé (el saco amniótico) se rompe.

- Una vez que la fuente se rompe, a la mujer le puede dar una infección. Hay que llevarla al hospital inmediatamente. La mujer no se debe bañar ni ponerse nada en la vagina.

- Al principio, las contracciones se sienten cada 15 a 20 minutos y duran de 30 a 45 segundos. Las contracciones se hacen más fuertes y más seguidas a medida que el parto continúa.

- Muchas mujeres pasan la primera parte del comienzo del parto en la casa. Ellas caminan o ven televisión para pasar el tiempo. El caminar es bueno y le ayuda al bebé a moverse hacia abajo.

- El médico te dirá cuando ir al hospital. Puede que te digan que vayas cuando sientas las contracciones entre cada 5 a 10 minutos y duren 1 minuto.

- La siguiente es una lista de señales de alerta de que algo puede estar mal. Ve al hospital inmediatamente si tienes alguna de las siguientes señales:

  - Líquido de color verde que sale de la vagina

  - Sangrado de la vagina

  - El bebé se mueve menos o no se mueve para nada.

- Lo siguiente es lo que pasa al llegar al hospital:

  - Vas a ir a un lugar especial del hospital llamado sala de partos (Labor and Delivery, en inglés).

  - La enfermera te tomará la temperatura, la presión arterial y el pulso.

  - Un médico te hará un examen pélvico para revisarte el cuello de la matriz. Esto te dice cuánto te falta para dar a luz.

  - Te colocarán un aparato sobre la barriga para revisar los latidos del corazón de tu bebé.

    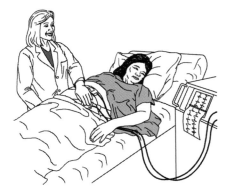

  - Una enfermera va a estar pendiente de como están tú y tu bebé.

¿Qué debo hacer?

- Llama a tu compañero de parto cuando empiece la primera etapa del parto.

- Asegúrate de que alguien te lleve al hospital.
- Cuenta cuántas contracciones sientes y cuánto duran:

  - Pon tus manos sobre tu barriga.
  - Siente cuando tu barriga se endurece.
  - Cuenta cuantos segundos pasan hasta que la barriga se ablanda. Esta es la duración de la contracción.
  - El número de minutos que pasan hasta que la barriga se vuelve endurece es el tiempo que hay entre las contracciones.

- Camina, ponte en cuclillas o siéntate. Estas posiciones le ayudan al bebé a moverse hacia abajo.
- Juega o ve una película para pasar el tiempo.
- No comas nada a menos que tu médico te diga que está bien.
- Usa la respiración cuando las contracciones se estén haciendo más fuertes. Respira lentamente a través de la boca y de la nariz. Aprieta los labios y sopla el aire lentamente.
- Ve al hospital cuando el médico te lo indique.
- Ve al hospital inmediatamente si:
  - Estás sangrando de la vagina.

- Se te rompe la fuente.
- Estás goteando un líquido verde de la vagina.
- El bebé se mueve menos o no se mueve para nada.

¿Cuándo debo llamar a mi médico o enfermera?

- Llama si has empezado la primera etapa del parto y no sabes que hacer.
- Llama si tienes alguna pregunta o sientes que algo está mal.
- Ve al hospital si tienes una o más de las señales de alerta mencionadas anteriormente.

El Dar a Luz

¿Qué es?

Es el nacimiento de tu bebé.

¿Qué necesito saber?

- Cuando el cerviz esté abierto completamente, vas a sentir la necesidad de empujar.

- Cuando ya se vea la cabeza del bebé, es posible que el médico haga una pequeña cortada en la apertura de la vagina. Esto se llama episiotomía. Esta cortada agranda la apertura para que el bebé pueda pasar.

- Vas a empujar cuando estés teniendo las contracciones. Harás esto hasta que nazca el bebé. A esto se le llama parto vaginal.

- La mayoría de las mujeres tienen partos vaginales.

- Algunas mujeres necesitan dar a luz a través de un corte en la barriga. A esto se le llama cesárea.

- Las siguientes son algunas razones del porque se hace una cesárea:
  - El bebé está en la posición incorrecta.
  - La cabeza del bebé es demasiado grande para pasar.
  - El bebé está enfermo.
  - La mamá tiene una enfermedad de transmisión sexual (enfermedad venérea).
- Te sentirás cansada pero feliz después de que tu bebé haya nacido.

¿Qué debo hacer?

- Escucha a tu médico y a tu compañero de parto. Haz lo que ellos digan.
- Descansa entre las contracciones.
- Concéntrate en tu respiración.
- Empuja cuando el médico te diga que empujes.

Después de que Nazca tu Bebé

Apuntes

_____

_____

_____

_____

_____

_____

_____

_____

_____

_____

_____

_____

_____

_____

_____

_____

Cómo te Sientes

¿De qué se trata?

Son los primeros días después del nacimiento de tu bebé.
Es posible que te sientas feliz y triste a la misma vez.
También te puedes sentir adolorida por todo el cuerpo.

¿Qué necesito saber?

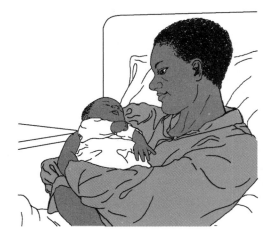

* Es posible que te
  sientas muy cansada
  después de dar a luz.
  Has trabajado duro.
  Muchas mamás
  nuevas sólo
  quieren dormir.

* Algunas mamás
  quieren abrazar y
  alimentar a sus bebés
  inmediatamente.

* Algunas mamás se sienten tristes o decaídas después del
  nacimiento de su bebé. Esto puede pasar debido a los
  cambios en el cuerpo después de dar a luz. A esto se le
  conoce como la depresión postparto.

* Algunas mujeres se sienten muy deprimidas, y no son
  capaces de cuidarse a ellas mismas o a sus bebés. Ellas
  necesitan ayuda de un médico.

Cómo te Sientes

- Algunas mamás tienen miedo de cuidar a sus bebés. No están seguras de que deben hacer. Estos sentimientos son normales. No tengas miedo de pedir ayuda.

- La mayoría de las mamás nuevas tienen el trasero adolorido de los puntos y los cólicos estomacales. A esto se le llama dolores posteriores.

- Los siguientes son otros cambios e incomodidades del cuerpo que las nuevas mamás tienen:

  - Sangrado vaginal que dura de 2 a 6 semanas. Es fuerte las primeras semanas, y luego es ligero.

  - Estreñimiento

  - Hemorroides

  - Pechos adoloridos

  - Cansancio y dolor en todo el cuerpo

  - Mucho sudor

- A algunas mujeres les da infecciones y otros problemas después del parto. Los siguientes son señales de alerta de un problema. Llama a tu médico inmediatamente si tienes:

  - Mucho sangrado vaginal. Empapas una o mas toallas sanitarias en una hora.

  - Líquido vaginal que huele mal

  - Fiebre de 100 grados Fahrenheit o más alta

  - Vómitos o no poder comer

  - Dolor o ardor cuando orinas

- Enrojecimiento o dolor en tus piernas
- Rayas rojas o partes endurecidas en tus pechos
- Las mamás nuevas deben levantarse y estar activas.
  - Esto es bueno para la circulación de las piernas.
  - Ayuda a prevenir el estreñimiento.
  - Ayuda al cuerpo a regresar a su estado normal.

¿Qué debo hacer?

- Siéntate en agua tibia 2 o 3 veces al día. Esto aliviara el dolor alrededor de tu vagina y de las hemorroides. Es posible que tu médico te recete alguna crema para las hemorroides. Lee sobre lo que puedes hace para aliviar el malestar de las hemorroides en las páginas 108 a la 110.

- Toma de 8 a 10 vasos de líquido diarios. Esto te ayuda a poder hacer del baño. Lee sobre otras cosas que puedes hacer para aliviar el estreñimiento en las páginas 104 a la 107.

- Tu necesitas descansar mucho. Toma siestas durante el día. Toma una siesta cuando el bebé toma su siesta.

- Es posible que tu médico te recete medicamentos para el dolor. Está bien si tomas Tylenol.

- Asegúrate de caminar.

- Usa un sostén que te quede bien. Esto te ayudará para los pechos adoloridos.

- Ponte compresas de hielo en los pechos si estás amamantando.

- Evita tener relaciones sexuales hasta que veas a tu médico. Si tienes relaciones sexuales, asegúrate de usar un condón o cuídate de otro modo para no quedar embarazada. Es posible quedar embarazada después de tener un bebé. Esto puede pasar aunque estés amamantando a tu bebé.

- Ve con tu médico en 4 a 6 semanas después de dar a luz. Tu médico te examinará para ver como has cicatrizado. Habla con tu médico sobre los anticonceptivos si no sabes cuál usar.

¿Cuándo debo llamar a mi médico o enfermera?

- Llama si tienes una o más de las señales de alerta que aparecen en la página 159.

- Llama si no te sientes con apetito o no puedes dormir.

- Llama si lloras a cada momento y no puedes cuidarte a ti ni a tu bebé.

- Llama si te sientes enojada con tu bebé o si no tienes ánimo de cuidar a tu bebé.

- Llama si sientes que quieres pegarle a tu bebé. Si te sientes de esta manera, recuesta al bebé y aléjate. Llama a alguien para pedir ayuda.

- Llama para una consulta con tu médico en 4 a 6 semanas después de que hayas dado a luz.

El Alimentar a tu Bebé

¿De qué se trata?

Puedes amamantar o alimentar con mamila (biberón) a tu nuevo bebé.

¿Qué debo saber?

- Hay muchas buenas razones para amamantar como:
  - La leche materna es saludable para tu bebé. Tiene todos los nutrientes claves para tu bebé.

    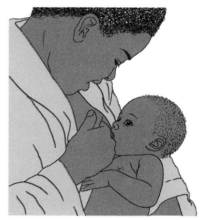

  - Ayuda a defender a tu bebé contra las infecciones en los primeros meses de vida. Los bebés que son amamantados tienden a enfermarse menos que los bebés a los que se alimenta con mamilas (biberones).
  - La leche materna es gratuita. Puedes ahorrar hasta $1,000 amamantando a tu bebé por seis meses.
  - Es fácil darle la leche materna a tu bebé. No tienes que entibiarla ni ponerla en un biberón. Tampoco hay que limpiar después de dársela.

- El amamantar te ayuda a bajar de peso. Las mujeres que dan pecho recobran su figura más rápido que las mujeres que usan mamilas (biberones) para alimentar a sus bebés.

• Si piensas amamantar, vas a necesitar sostenes y almohadillas especiales.

• No necesitas tener pechos grandes para amamantar. Aunque tus pechos sean pequeños, tu cuerpo producirá toda la leche que tu bebé necesita.

• El amamantar no previene que una mujer quede embarazada. No es un método anticonceptivo.

• Las mujeres que amamantan deben tomar sus vitaminas. Ellas también deben comer la misma cantidad de alimentos como cuando estaban embarazadas.

• Existen programas que ayudan a las mujeres que amamantan a que reciban los alimentos saludables que ellas necesitan. Este programa se conoce como WIC (siglas en inglés). Puedes obtener información sobre el programa WIC del consultorio de tu médico o llamando a WIC. Puedes encontrar el número de teléfono de WIC al comienzo de la guía telefónica bajo Salud Maternoinfantil.

• Las mujeres que trabajan también pueden amamantar. Es posible que necesites rentar una bomba para sacarte la leche. Una bomba eléctrica funciona mejor. Algunos seguros médicos pagan por el costo de rentar las bombas para sacar leche.

- La mujeres pueden bombearse las leche de los pechos en cualquier momento. La leche se debe poner en el refrigerador o congelador para ser usada más tarde. La leche materna dura 48 horas en el refrigerador o 4 meses en el congelador.

- **Cosas que debes saber sobre el alimentar al bebé con mamilas (biberones):**

  - Algunas mujeres no pueden amamantar. Es posible que estén enfermas o que estén tomando medicamentos por alguna enfermedad.

  - Algunas mujeres no pueden o no quieren amamantar. Esto está bien. El bebé estará bien.

  - El médico te puede dar medicamentos que previenen que la leche llegue a tus pechos.

  - Si le estás dando biberón a tu bebé, usa un sostén apretado. No trates de sacar leche de tus pechos.

  - Puedes ponerte compresas de hielo en tus pechos y tomar Tylenol para el dolor.

  - Vas a necesitar biberones, cepillos, chupones y fórmula para bebés.

  - Tu médico te dirá cual fórmula es la correcta para tu bebé.

  - **Usa fórmula para bebés, y no leche de vaca.**

- Prepara la fórmula de la manera correcta. Algunas fórmulas están listas para dárselas a los bebés, y otras necesitan ser mezcladas con agua. Lee en la lata cómo mezclar la fórmula.

- Si necesitas añadir agua para preparar la fórmula, asegúrate de añadir la cantidad correcta.

  - Si usas demasiada agua para preparar la fórmula, esta quedará muy aguada. Tu bebé tendrá hambre y llorará mucho.

  - Si no añades suficiente agua, la fórmula quedará demasiado concentrada, y tu bebé tendrá malestar estomacal.

- Mantén la fórmula que has preparado en el refrigerador. Tu bebé se enfermará si no mantienes la fórmula fría.

- Si no usas la fórmula preparada en 48 horas, tírala.

- Tira la fórmula que queda en el biberón cada vez que termines de alimentar a tu bebé.

- Lava los biberones y los chupones con jabón y agua caliente, y enjuágalos bien.

- El alimentar al bebé con biberones permite que el papá alimente al bebé.

¿Qué debo hacer?

El amamantar:

- El amamantar se hace más fácil después de los primeros días. Puede que al comienzo tengas un poco de dificultad.

- Las enfermeras en el hospital te pueden enseñar a amamantar. Pide ayuda mientras estés en el hospital. Consigue un número de teléfono a donde puedas llamar para pedir ayuda después de que llegues a tu hogar.

- Lávate las manos antes de amamantar.

- Tu puedes aprender a amamantar a tu bebé.

  Primer paso:

  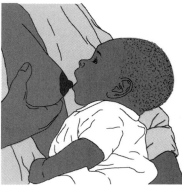

  - Voltea la cabeza del bebé hacia tu pecho.

  - Agarra el pecho con el pulgar arriba y los dedos debajo.

  - Haz que el labio inferior del bebé toque tu pezón. Esto hace que el bebé abra su boca.

  Segundo paso:

  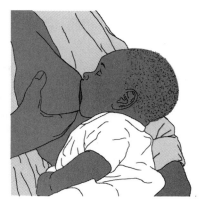

  - Mete tu pezón adentro cuando el bebé abra la boca.

  - Los labios del bebé deben de cubrir casi toda la parte oscura del pezón. La lengua del bebé debe quedar debajo del pezón.

- Ten al bebé cerca de ti.
- Aliméntalo por 10 a 15 minutos con cada pecho.

Tercer paso:

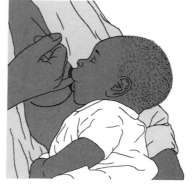

- Para cambiar de pecho, pon tu dedo meñique en la esquina de la boca del bebé para interrumpir el sello al vacío que se forma con la succión del bebé.

- Haz que tu bebé eructe. Pon al bebé sobre tu hombro, y frótale o dale palmadas suaves en la espalda.

- Un bebé que es amamantado no necesita eructar tanto como un bebé que es alimentado con biberón.

- Repite los pasos 1 y 2 con tu otro pecho.

- Comienza a amamantar con el último pecho que usaste.

- Tu bebé necesita ser amamantado por lo menos 8 veces al día. Esto significa que debes amamantar a tu bebé cada 2 a 3 horas. Es posible que tengas que despertar a tu bebé para darle pecho.

El Alimentar a tu Bebé

- Tu bebé debe mojar de 6 a 8 pañales todos los días. Si tu bebé tiene esta cantidad de pañales mojados, él o ella están recibiendo suficiente leche.

De 6 a 8 Pañales

- Las cosas que tu comes o tomas le pasan a tu bebé a través de la leche materna. Algunas comidas pueden hacer que tu bebé esté fastidiado. No comas estas comidas mientras que estés amamantando:

  - Chocolate, café, y otras cosas que contengan cafeína.

  - Comidas picantes o condimentadas.

  - Comidas que causan gas, como los frijoles.

- No tomes ningún medicamento mientras que estés amamantando a menos que tu médico te diga que está bien.

- Lávate los pechos con agua tibia todos los días. No uses jabón en tus pechos. El jabón puede causar que tus pezones se resequen y se rajen. Deja que tus pezones se sequen con el aire.

- Pregúntale a tu médico o a tu enfermera sobre alguna crema especial para ponerse en los pezones si se rajan o están adoloridos.

- Si necesitas bombearte los pechos, llama al número 800 de tu seguro médico. Es posible que tu seguro médico pague por el costo de rentar una bomba para sacar la leche. Ellos te dirán donde puedes conseguir la bomba.

- Si tu seguro no paga por el alquiler de una bomba para sacar la leche, llama a la enfermera del hospital para saber donde rentar una bomba. Alguien en el lugar donde alquilan las bombas te enseñará como usarla. Consigue un número para llamar por si tienes más preguntas sobre el bombeo de los pechos.

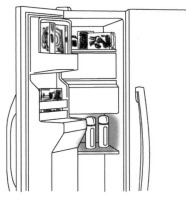

- Si usas una bomba par sacar la leche, asegúrate de guardar la leche que ha sido bombeada en el refrigerador o en el congelador.

El dar el biberón:

- El médico te dirá que fórmula debes comprar. Puedes comprar la fórmula en un mercado de alimentos o farmacia.

- Lávate las manos antes de mezclar la fórmula.

- Prepara la fórmula tal como dice en la lata. Algunas fórmulas deben ser mezcladas con agua, y otras están listas para ser usadas. No necesitas agregar agua. Pídele a alguien que te ayude si no sabes que hacer.

- Mantén a tu bebé derecho cuando lo alimentes. No alimentes a tu bebé cuando esté acostado:

  - Es posible que tu bebé se ahogue si lo alimentas estando acostado.

  - La fórmula puede entrar a los oídos de tu bebé y causar una infección.

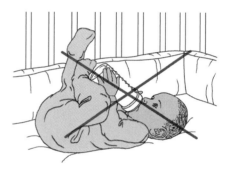

- Nunca le acomodes el biberón ni lo dejes solo con el biberón, ya que se puede ahogar.

- No acuestes a tu bebé con un biberón.

- Un bebé recién nacido tiene que tomar de 16 a 24 onzas de fórmula todos los días. La cantidad depende de qué tan grande esté tu bebé. Dale de 2 a 3 onzas cada vez que lo alimentes. Tu bebé necesita ser alimentado cada 2 a 3 horas. Llama a la enfermera del hospital si tienes dudas.

- Entibia el biberón en un tazón de agua caliente. Prueba qué tan tibia está la fórmula. Haz esto poniéndote unas cuantas gotas en la muñeca. Se debe sentir tibia y no caliente.

El Alimentar a tu Bebé

- **No** uses un horno de microondas para calentar el biberón. La fórmula caliente puede quemar a tu bebé.

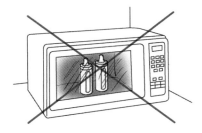

- Tira la fórmula que queda en el biberón después de alimentar a tu bebé.

- Lava los biberones y chupones con agua caliente y jabonosa. Usa un cepillo para limpiar el interior de los biberones. Enjuaga los biberones y los chupones bien. Tu bebé se puede enfermar si toma un biberón que tiene jabón.

- Lava los biberones nuevos y hierve los chupones por 5 minutos antes de usarlos.

- Haz que tu bebé eructe después de cada vez que le des de 1 a 2 onzas. Abraza a tu bebé y colócalo sobre tu hombro. Frótale o dale pequeñas palmadas en su espalda.

- Si tu bebé está enfadado o llora demasiado, trata de hacerlo que eructe después de cada ½ a 1 onza.

- Lleva tu bebé al médico una semana después de que llegues a la casa.

- Ya sea que amamantes o le des biberón a tu bebé, necesitas seguir una dieta saludable. Toma de 8 a 10 vasos de líquido diarios.

- Descansa lo más que puedas.

- Visita a tu médico en 4 a 6 semanas después de haber dado a luz.

¿Cuándo debo llamar a mi médico o enfermera?

- Llama si tu bebé no quiere que le des de comer dos veces seguidas.

- Llama si tu bebé no tiene por lo menos 6 pañales mojados en 24 horas.

- Llama cuando la temperatura que le tomas a tu bebé debajo del brazo es de 100 grados F o más.

- Llama si tu bebé no hace del baño en 24 horas después de que nace o de 2 a 5 veces después de las primeras 24 horas.

- Llama si sientes ardor o dolor en tus pechos.

- Llama si tus pechos tienen rayas rojas o bultos duros.

- Llama si tienes una herida en los pezones, o pezones enrojecidos, agrietados o ampollados.

- Llama si tienes preguntas o necesitas ayuda para alimentar a tu bebé.

- Llama si estás enojada con tu bebé o si no te sientes como para cuidar a tu bebé.

- Llama si sientes que quieres hacerte daño a ti misma o a tu bebé.

Los Primeros Días con tu Bebé

¿De qué se trata?

Un bebé nuevo cambia como se hacen las cosas.
El o ella afecta a todos los miembros de la familia.

¿Qué necesito saber?

- Las enfermeras del hospital les enseñan a las nuevas mamás cómo cuidar a sus bebés. Las nuevas mamás deben saber como:
    - Cargar un bebé
    - Darle de comer a un bebé
    - Hacer que un bebé eructe
    - Cambiar pañales
    - Bañar un bebé
    - Cuidar el ombligo de un bebé
    - Cuidar el pene de un bebé varón después de la circuncisión

- La ley requiere que un bebé sea colocado en un asiento de seguridad cuando viaje en un carro. Asegúrate de que tienes un asiento de seguridad. Dile a la enfermera de tu hospital si no tienes un asiento de seguridad. Algunos hospitales regalan los asientos de seguridad.

- Los recién nacidos pueden dormir de 16 a 18 horas al día. Es posible que se despierten frecuentemente y se vuelvan a dormir.

- Es posible que un bebé tenga hipo o estornude. Esto es normal.

- Los bebés lloran para decirte que necesitan algo. Los bebés lloran para decirte que:

  - Tienen hambre.

  - Necesitan que les cambien el pañal.

  - Quieren que los abracen y que los mezan.

  - Tienen dolores debido a gases.

  - Tienen mucho calor o mucho frío.

  - Están cansados.

- Algunos bebés lloran más que otros. Si tu bebé llora mucho, esto no quiere decir que eres una mala mamá. Trata de alimentar a tu bebé más seguido. Haz que tu bebé eructe cada ½ a 1 onza de leche o de fórmula.

- Los bebés necesitan que los abracen y jueguen con ellos cuando están despiertos. Las siguientes son cosas que puedes hacer:

  - Pon música suave para que oiga tu bebé

- Háblale y cántale a tu bebé

- Muéstrale a tu bebé las cosas alrededor de la casa

- Léele cuentos a tu bebé

- Abraza y mece a tu bebé

- Los siguientes son consejos de seguridad para tu nuevo bebé:

  - Usa una cuna que esté en buenas condiciones. Los espacios entre las barras de la cuna deben ser de menos de 2 pulgadas, 3 octavos. Asegúrate de que el colchón sea firme.

  - Nunca acuestes a un bebé en una cama de agua, o en una almohada.

  - No pongas a tu bebé a dormir en tu cama o en la cama de otro niño.

  - No pongas almohadas, muñecos de peluche o juguetes dentro de la cuna.

  - No pongas a tu bebé a que duerma boca abajo. Los bebés deben dormir de espalda o de costado. Usa una cobija enrollada para mantener a tu bebé de costado.

- Siempre coloca a tu bebé en un asiento de seguridad cuando viaje en un carro. Hazlo aunque solo manejes 1 o 2 cuadras.

    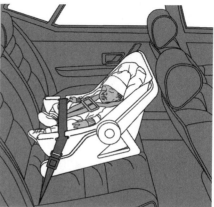

    - Usa un asiento de seguridad para bebés que esté aprobado. No uses el asiento del bebé que usas en la casa.

    - Coloca al bebé en el asiento trasero del carro. Nunca pongas al bebé en el asiento delantero del carro.

    - Instala el asiento de seguridad mirando hacia la parte de atrás del carro y medio echado hacia atrás.

    - Amarra el asiento usando el cinturón de seguridad del carro. Sigue las instrucciones que vienen con el asiento de seguridad.

- Nunca dejes a tu bebé solo en el carro, aunque solo sea por unos minutos. Siempre lleva a tu bebé contigo cuando salgas del carro.

    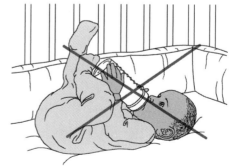

- Nunca acuestes a tu bebé con un biberón.

    - Es posible que tu bebé se ahogue y se muera.

- El tomar leche mientras que está acostado puede causar infecciones del oído.
- Pudrirá los dientes de tu bebé cuando esté más grande.

- Nunca dejes a tu bebé solo en ningún lugar. Siempre tiene que haber un adulto con tu bebé.

- No le amarres chupones ni cualquier otra cosa alrededor del cuello de tu bebé.

- Chequea el chupón de tu bebé todos los días para ver si está cortado o roto. Compra un chupón nuevo cada 2 a 3 meses. Nunca uses el chupón del biberón como chupón para que sólo chupe.

- No dejes a tu bebé solo en un sillón, mesa para cambiar al bebé u otro lugar alto. Puede que tu bebé sufra una mala caída.

- No cargues a tu bebé mientras que cocinas o tomas líquidos calientes como el café.

- No calientes el biberón de tu bebé en el horno de microondas. Algunas partes se pueden calentar tanto que pueden quemar a tu bebé.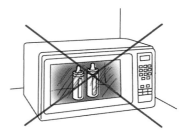

- Nunca le pegues ni sacudas a tu bebé, ya que le puedes causar la muerte. Si te sientes enojada por que el bebé no para de llorar, deja al bebé y aléjate de él. Pídele ayuda a alguien.

¿Qué debo hacer?

- Baña, cambia el pañal del bebé, carga, alimenta y haz todo los cuidados del bebé antes de que salgas del hospital. Consigue el número de teléfono de una enfermera en el hospital para que la puedas llamar si tienes preguntas.

- Varios hospitales tienen un programa que manda una enfermera a visitar a las nuevas mamás y sus recién nacidos unos días después de que llegan a la casa. Pide que te hagan una visita. Ten preguntas listas para cuando venga la enfermera.

- Trata de conseguir ayuda con el quehacer del hogar para que puedas cuidar a tu bebé. Pídele a tu mamá, hermana, tía o amiga que te ayuden.

- Averigua si el papá del bebé puede tomarse unos días libres del trabajo para ayudarte.

- Trata de mantener a tu bebé despierto durante el día para que duerma más durante la noche.

- Lleva al bebé a ver al médico 1 semana después de llegar a la casa.

- Asegúrate de despertar a tu bebé cada 3 horas para darle de comer.

- Lee y sigue los consejos de seguridad en las páginas 176 a la 179.

- La siguiente es la manera en que debes cuidar el ombligo de tu bebé:

    ■ No mojes el ombligo de tu bebé. Manténlo seco hasta que el cordón se caiga. Mantén el pañal debajo del ombligo.

    ■ Limpia alrededor del ombligo con un aplicador o bola de algodón remojado en una solución de alcohol de 70%. Haz esto cada vez que lo cambies de pañal.

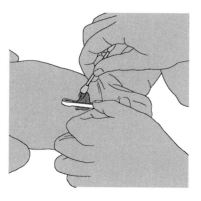

- Levanta el cordón y limpia donde se junta con el cuerpo. No le hará daño al bebé. El alcohol no arde, pero puede que tu bebé llore por la sensación fría del alcohol.

  - No le pongas talco o aceite encima o alrededor del ombligo del bebé.

- Si a tu hijo le quitaron el pellejo suelto que cubre la punta de su pene (lo circuncidaron), el personal del hospital te enseñará cómo cuidarlo. Llama si tienes preguntas o si tu bebé tiene estos síntomas:

  - Un mal olor alrededor del pene
  - Un desecho amarillo o verde
  - Un pene rojo e hinchado
  - El pene no cicatriza después de 8 días

- Abraza mucho a tu bebé. Tu bebé te puede ver mejor de 12 a 14 pulgadas de distancia. Háblale y cántale a tu bebé. Haz que tu bebé reconozca tu voz y la manera como tu lo acaricias.

- Si el clima es favorable, lleva a tu bebé a pasear en un cochecito (carriola). Cubre a tu bebé si está frío. No dejes que el sol le de a tu bebé en ningún momento.

- Los chupones permiten que un bebé chupe sin alimentarse. A los bebés les gusta chupar. Dale un chupón a tu bebé si lo necesita. Nunca uses el chupón de un biberón como chupón para sólo chupar.

- Si estás amamantando, trata de no usar un chupón por 3 semanas para que tu bebé se acostumbre a tus pechos.

- Los bebés deben tener de 6 a 8 pañales mojados en 24 horas.

- No te olvides de cuidarte a ti misma. Descansa mucho. Come alimentos saludables y toma mucho líquido.

¿Cuándo debo llamar a mi médico o enfermera?

- Llama para hacer una cita para que revisen a tu bebé 1 semana después de que llegues a la casa.

- Llama si tu bebé se pone amarillo.

- Llama si tu bebé tiene una fiebre (tomada debajo del brazo) de 100 grados F o más.

- Llama si tu bebé no tiene 6 pañales mojados en 24 horas.

- Llama si tu bebé tiene pus o sangra de su ombligo.

- Llama si te sientes triste o deprimida y no te sientes como para cuidar a tu bebé.

- Llama si tienes preguntas sobre el cuidado de tu bebé.

Lista de Palabras

A

- **aborto involuntario**—La pérdida del bebé en el útero antes de que este pueda vivir.

- **abuso**—El lastimar o hacerle daño a otra persona.

- **accidente**—El lastimarse.

- **ácido fólico**—La vitamina B que se necesita durante el embarazo y antes de que una mujer quede embarazada. Este ayuda a prevenir ciertos defectos de nacimiento.

- **adicto**—Cuando alguien tiene una fuerte necesidad o deseo de hacer algo como fumar o usar drogas.

- **agruras**—Una sensación de ardor en la boca del estómago.

- **alcohol**—(1) Cerveza, vino o bebidas con licor. (2) Otro tipo de alcohol es el alcohol para frotar que se pone en la piel para mantenerla seca y limpia. Este alcohol no es para tomar.

- **alimentar con biberón**—El alimentar al bebé con biberón con leche de fórmula que se compra en el mercado. Esta forma de alimentar es diferente a dar pecho o amamantar.

- **amamantar o dar pecho**—El alimentar el bebé con la leche de pecho en vez de la leche de fórmula.

- **ansiosa**—El estar preocupada o molesta.

- **antiácidos**—Píldoras o líquido para aliviar las agruras.

- **antibióticos**—Medicamentos recetados por un médico que matan los gérmenes que causan las infecciones.

- **antojos**—Un fuerte deseo de comer ciertas comidas.

- **apetito**—El deseo normal de comer.

- **avergonzada**—Tener un sentimiento de vergüenza, culpa o deshonra.

- **azúcar en la sangre**—El nivel de azúcar llamada glucosa que se encuentra en la sangre.

B

- **baño en agua tibia (sitz)**—Sentarse en agua tibia para aliviar y sanar las hemorroides u otros problemas en el recto y en el área de la vagina.

- **bebé saludable**—Un bebé que nace sin problemas de salud.

- **beneficios por incapacidad**—Dinero que recibes cuando no puedes trabajar debido a una enfermedad o lesión.

- **bocadillo (botana)**—Cantidades pequeñas de alimentos que comes entre las comidas.

C

- **cafeína**—Una droga que se encuentra en el café, el té, el chocolate y otros alimentos. Es un estimulante suave. La cafeína no es buena para el embarazo.

- **calorías**—Una medida de la energía que contienen los alimentos.

- **calostro**—La primera leche materna que es transparente y pegajosa.

- **cambios en el estado de ánimo**—El sentirse feliz y luego triste o enojada en un período de tiempo corto.

- **cerviz**—La parte de abajo o el cuello del útero. El cerviz se abre hacia la vagina. El cerviz se abre completamente durante el parto para dejar pasar al bebé.

- **cesárea**—Una operación que se hace para sacar al bebé del cuerpo de la mamá a través de un corte en la barriga.

- **circuncisión**—Una operación que se hace para remover la piel floja que cubre la punta del pene de un niño recién nacido.

- **chupón**—Un chupón especial para calmar a los bebés.

- **coágulo**—Una masa redonda compuesta de sangre y otro tejido del cuerpo.

- **cojín eléctrico**—Un cojín eléctrico que da calor.

- **cólicos**—Dolores de barriga.

- **comida chatarra**—Alimentos que tienen muchas calorías. Estos se ven y saben sabroso pero no son buenos para la salud.

- **comienzo del parto**—Las contracciones del útero se hacen cada vez más fuertes y más frecuentes. Estas hacen que el cerviz se abra, lo que permite que el bebé salga.

- **condón**—Una cubierta de hule que se pone sobre un pene duro antes de tener relaciones sexuales. Este previene el embarazo y muchas enfermedades transmitidas sexualmente.

- **contracción**—Cuando el útero se aprieta y se siente duro.

- **cordón umbilical**—Conecta el bebé con la placenta. El cordón trae la comida al bebé desde la madre a través de la placenta. También retira los desperdicios del bebé. El cordón umbilical se corta después que el bebé nace. La parte que queda se convierte en el ombligo.

- **cuenta de patadas**—Una manera de mantener un registro de qué tan seguido se mueve tu bebé.

D

- **dar a luz**—Nacimiento de un bebé.

- **defectos de nacimiento**—Problemas físicos con los que nacen algunos bebés.

- **desempleo**—El no estar trabajando.

- **diabetes**—Una condición médica que le da a ciertas mujeres durante el embarazo causado por altos niveles de azúcar (glucosa) en la sangre.

- **dieta**—El hacer una dieta quiere decir comer menos para rebajar de peso. Una dieta especial quiere decir comer ciertas cantidades y ciertos tipos de comida para aliviar un problema médico.

- **dolor de cabeza**—Dolor en la cabeza.

- **dolores de parto**—El dolor que da con las contracciones del útero.

- **drogas**—Algo que se toma para una enfermedad, también se conocen como medicamentos. Las drogas ilegales se toman para sentirse suave o ponerse locos. Este tipo de drogas es malo para la gente y para los bebés que no han nacido.

- **ducha vaginal**—Agua o líquido que se pone dentro de la vagina para limpiarla.

E

- **ejercicio**—El mantenerse activa y moverse. Los movimientos del cuerpo que hacen que el corazón y la respiración se aceleren.

- **ejercicios Kegel**—Los ejercicios que fortalecen los músculos alrededor de la vagina, lo cual ayuda a retener la orina.

- **embarazo**—El tiempo durante el cual un bebé crece dentro de una mujer.

- **embrión**—Así se llama el bebé cuando se está formando en el útero de la madre durante las primeras 8 semanas de desarrollo.

- **enfermedades transmitidas sexualmente (enfermedades venéreas)**—Enfermedades que se pueden pasar a través de las relaciones sexuales.

- **enfriamiento**—El tiempo durante el ejercicio cuando uno empieza a ir más lento antes de parar.

- **episiotomía**—Un corte en la apertura de la vagina durante el parto. Esto permite que haya más espacio para que el bebé pueda salir.

- **espéculo**—Un instrumento especial que usan los médicos para mantener la vagina abierta mientras hacen el papanicolaou.

- **estirarse**—Agrandarse.

- **estreñimiento**—Heces secas y duras que son difíciles de expulsar.
- **examen pélvico**—Un examen hecho por un médico para revisar la vagina, el cerviz, el útero y otros órganos.

F

- **fibra**—Las partes de las plantas como las frutas, las verduras y los granos que el cuerpo no digiere o no usa. La fibra le ayuda a la gente a hacer del baño con regularidad.
- **fiebre**—Cuando el cuerpo está más caliente de lo normal
- **folato**—Vitamina B, también conocida como ácido fólico.
- **fumar**—Respirar el humo de un cigarrillo.

G

- **grupos de apoyo**—Cuando más de tres personas que tienen el mismo problema se reúnen para hablar y tratar de ayudarse los unos a los otros.

H

- **hacer del baño**—Es la manera en la que desocupamos el cuerpo de los desperdicios sólidos.
- **hemorroides**—Venas hinchadas dentro y alrededor del recto.
- **hierbas**—Plantas usadas para hacer medicamentos.
- **hierro**—Elemento que se encuentra en las comidas que es bueno para la sangre.

- **hincharse**—Agrandarse.

- **hormonas**—Los químicos que hacen que tu cuerpo haga ciertas cosas.

- **humedecedor del ambiente**—Una máquina que humedece el aire.

- **humo de segunda mano**—El respirar humo de una persona que fuma cerca de ti.

I

- **incomodidades**—El tener dolores, sentirse enferma o no sentirse bien.

- **infección**—Una enfermedad causada por gérmenes que no puedes ver. Una infección puede darse dentro del cuerpo o en la piel.

- **intestino**—El intestino también se conoce como tripas. Parte del cuerpo por donde pasa la comida hasta que se convierte en desperdicio sólido.

M

- **máquina de humedad (rocío)**—Lo mismo que un humedecedor. Le colocas agua y este humedece el aire.

- **mareos**—Las sensación de que todo alrededor está dando vueltas.

- **media de soporte**—Medias apretadas que ayudan a la circulación de las piernas.

- **medicamentos**—Algo que se toma para una enfermedad, también se conocen como drogas. Las drogas ilegales se toman para sentirse suave o ponerse locos. Este tipo de drogas es malo para la gente y para los bebés que no han nacido.

- **métodos anticonceptivos**—Las cosas que hace la gente para prevenir un embarazo.

- **microondas**—Un horno especial que calienta o cocina los alimentos y los líquidos muy rápidamente. Algunas cosas pueden calentarse demasiado y causar quemaduras. No calientes el biberón de un bebé en el microondas.

N

- **náusea**—Las ganas de vomitar.

- **náuseas del embarazo**—El tener ganas de vomitar durante los primeros 3 o 4 meses del embarazo.

O

- **ombligo**—El lugar en medio de la barriga que se conecta al cordón umbilical.

- **orina**—Desperdicio líquido del cuerpo.

P

- **papanicolaou**—Una prueba para detectar el cáncer cervical. Las células se toman del cerviz para analizarlas.

Lista de Palabras

- **placenta**—Crece en el útero de una mujer embarazada y está conectada al bebé a través del cordón umbilical (ombligo). La placenta alimenta al bebé, y sale después de que nace el bebé. También se conoce como secundinas.

- **prenatal**—El tiempo antes del nacimiento del bebé.

- **presión**—La sensación de que algo está empujando o presionando.

- **presión arterial**—La fuerza con la cual la sangre se mueve a través del cuerpo, la cual se mide con un brazalete que se infla sobre el brazo.

- **presión arterial alta**—La tensión de la sangre a través del cuerpo es más alta de lo normal.

- **prueba de embarazo**—Una prueba de orina o de sangre para ver si la mujer está embarazada. Una mujer puede comprar una prueba de embarazo para hacerse en la casa o hacérsela en el consultorio médico o clínica.

- **prueba de estrés**—Una prueba especial que se hace en el hospital para revisar los latidos del corazón del bebé durante las contracciones del útero.

- **prueba de la falta estrés**—Una prueba especial hecha para revisar los latidos del corazón del bebé cuando este se mueve.

- **prueba de tolerancia a la glucosa**—Una prueba especial para ver el nivel de azúcar o glucosa en la sangre.

R

- **rayos x**—Una foto que se toma usando dosis bajas de radiación. Es muy importante evitar que te tomen rayos x durante el embarazo.

- **rectal**—Se refiere al recto.

- **recto**—Por donde salen los desperdicios sólidos.

- **regla**—El desecho de sangre que sale de la vagina cada mes. También se le llama menstruación.

- **relajarse**—Tomarlo con calma o descansar.

- **retraso mental**—Un defecto de nacimiento que causa que el bebé sea más lento para aprender. Este es un problema para toda la vida.

- **riesgos**—Las cosas que pueden hacerle daño al bebé que aún no ha nacido.

S

- **saco amniótico**—Este es una bolsa que crece dentro del útero, y que sostiene al bebé, la placenta y un líquido aguoso llamado líquido amniótico. Se conoce comúnmente como la fuente de agua, y protege al bebé que está creciendo dentro del útero.

- **sangrado**—El perder sangre del cuerpo.

- **seguro médico**—Una compañía también conocida como plan de salud que paga o ayuda a pagar por los costos de la atención médica. Es posible que el personal del seguro te diga a dónde debes ir para recibir atención médica.

- **señales de alerta**—Las cosas que tu sientes o ves que no son normales. Estás son señales de que algo puede estar mal.

- **servicios comunitarios**—Los lugares donde hay personal que te puede ayudar o decirte donde puedes obtener ayuda para cosas como cuidado médico, vivienda, comida y trabajo.

- **SIDA**—Una enfermedad que se pasa a través de las relaciones sexuales sin protección o a través del uso de drogas intravenosas que causa enfermedades graves y hasta la muerte.

- **sodio**—Otra palabra para la sal. Demasiada sal hace que el cuerpo retenga agua.

T

- **temperatura**—Qué tan caliente está algo.

- **tina caliente**—Una tina o bañera en la cual caben unas cuantas personas. Esta se llena de agua caliente y tiene chorros de agua.

- **trabajadora social**—Una persona capacitada para ayudarle a la gente con los problemas como encontrar un médico, pagar las facturas y encontrar un lugar para vivir.

U

- **ultrasonido**—Una prueba que se hace en el consultorio médico o en la clínica que muestra una foto del bebé creciendo en el útero.

- **útero**—Este es el órgano de una mujer que lleva al bebé en desarrollo. El músculo del útero se estira a medida que crece el bebé.

V

- **vagina**—La última parte por donde pasa el bebé cuando nace.

- **vapores**—Algo en el aire que causa daño al respirarlo.

- **vejiga**—El órgano del cuerpo donde se guarda la orina.

- **venas varicosas**—La hinchazón de las venas de las piernas.

- **veneno**—Algo que te enferma mucho si lo tomas.

- **VIH**—El virus que causa el SIDA.

- **virus**—Algo demasiado pequeño para ver a simple vista que pasa de una persona a otra y que causa enfermedades. Un virus no se puede curar con antibióticos.

- **vitaminas**—Píldoras o líquido que tu médico te dice que tomes durante el embarazo. Las vitaminas le ayudan a una mujer a tener un bebé saludable.

- **vomitar**—Devolver o arrojar los alimentos del estómago.

Contenido de Este Libro de la A a la Z

A

Aborto involuntario, 145, 183
Abuso, 125, 146, 183
Accidentes, 130, 183
Ácido fólico, 2, 3, 5, 31, 43, 183
Acta de Vacaciones Familiares por Razones Médicas, 135
Afrecho de trigo, 107
Agruras, 42, 48, 58, 72, 183
Alcohol, 5, 10, 17, 43, 183
Alimentar a tu bebé, 163
Alimentar con biberón (mamila), 163, 165, 170, 183
Alimentos de granos integrales, 62
Almuerzo, 33
Amamantar, 163, 164, 167, 183
Análisis de sangre, 26, 45, 46, 60
Ansiosa, 119, 183
Antiácidos, 97, 183
Antibióticos, 141, 184

Anticonceptivos, 2, 5, 10, 63, 87, 161, 190
Antojos, 9, 49, 184
Apetito, 120, 142, 161, 184
Ardor al orinar, 13, 111
Ardor en el estómago, 75, 96
Asientos de seguridad para bebés, 89, 174
Asistente de Médico, 23
Atención médica, 13, 18
Avergonzada, 125, 146, 184
Azúcar, 27, 45

B

Bañarse, 18, 75
Baño en agua tibia (sitz), 110, 184
Baños con agua caliente, 125, 130
Baños con agua caliente en la tina, 18, 125
Bebé fastidiado, 168
Bebé llorón, 175
Bebé saludable, 2, 15, 22, 28, 29, 184

Contenido de Este Libro de la A a la Z

Beneficios por incapacidad, 134, 184

Bloqueador solar, 63

Bocadillo de la noche, 33

Bocadillo de la tarde, 33

Bocadillo de la mañana, 33

Bocadillos, 37, 58, 74, 95, 184

Bombas para sacar la leche del pecho, 165, 170

C

Cafeína, 18, 19, 97, 120, 184

Caja de los desperdicios del gato, 19, 127

Calcio, 31

Calentamiento, 37

Calorías, 184

Calostro, 62, 184

Cambios de la piel, 62

Cambios del cuerpo, 12, 85, 158

Cambios en el estado de ánimo, 43, 118, 119, 185

Cansada, 9, 36, 42, 118

Carne cruda, 20

Cereales, 3, 31, 43

Cerviz, 8, 45, 185

Cesárea, 23, 155, 185

Chupones, 165, 166, 185

Cinturones de seguridad, 124, 126

Circuncisión, 174, 185

Clases de preparación para el parto, 63, 64

Clínica de atención médica para la mujer, 25

Coágulos, 145, 185

Cojín eléctrico, 100, 185

Cólicos, 13, 68, 73, 103, 185

Comer saludablemente, 3, 29, 54

Comida chatarra, 34, 185

Comidas saludables, 87

Comienzo del parto, 90, 150, 185

Comisión para la Igualdad en la Oportunidad de Empleo, 134

Compañero de parto, 64, 72, 87

Compresa de hielo, 110, 161

Condones, 5, 161, 185

Consejos de seguridad, 124, 176

Contracciones, 13, 28, 64, 68, 129, 130, 185

Cordón umbilical, 7, 186

Cuidado del bebé, 174, 179

Cuidado del recién nacido, 174, 179

Cuidado dental, 19

Cuidado prenatal, 22, 190

Cunas, 176

D

Dar a luz, 152, 155

Defectos de nacimiento, 2, 17, 186

Depresión, 158

Depresión postparto, 158

Desayuno, 32, 106

Desecho (flujo), 12, 62, 73, 85

Desempleo, 134, 186

Diabetes, 3, 4, 186

Diarrea, 144

Dieta saludable, 49, 120

Dolor de espalda, 13, 98

Dolores de barriga, 12, 58

Dolores de cabeza, 13, 49, 186

Dolores de parto, 151, 186

Dolores posteriores, 159

Drogas, 5, 9, 17, 43, 186

Duchas vaginales, 126, 186

E

Ejercicio, 35, 101, 112, 186

Ejercicio de caminar, 35, 121

Ejercicio de natación, 35

Ejercicios Kegel, 81, 109, 112, 113, 187

Ejercicios para la espalda, 38, 39

Ejercicios para los tobillos, 38, 116, 136

Embarazarse, 2, 138, 146, 161

Embarazo, 3, 4, 7, 22, 45, 187

Embrión, 42, 187

Encontrar un médico, 22

Enfermedades Transmitidas Sexualmente, 4, 46, 139, 187

Enfermera Partera Certificada, 23

Enfermera Practicante Registrada, 23

Enfriamiento, 37, 187

Entrenador, 64, 150

Episiotomía, 155, 187

Espéculo, 46, 187

Estreñimiento, 35, 104, 188

Estiramiento de la piel, 50

Examen físico, 45

Examen pélvico, 11, 45, 90, 188

F

Falta de tu período o menstruación, 9, 22

Fecha cuando va a nacer el bebé, 26

Contenido de Este Libro de la A a la Z

Fertilización, 7
Fibra, 31, 104, 188
Fiebre, 13, 142, 188
Folato, 2
Fórmula, 165, 170
Fórmula para bebés, 165, 170
Frijoles y lentejas, 3
Frutas, 3, 31
Fumar, 5, 10, 16, 43, 188

G
Gas, 42, 48
Gotear líquido, 12, 68
Grupos de apoyo, 18, 188

H
Hacer del baño, 48, 104, 188
Hacer eructar al bebé, 168, 172
Hemorroides, 67, 108, 159, 188
Hierbas, 4, 188
Hierro, 30, 188
Hincharse, 36, 58, 72, 114, 188
Hormonas, 188
Hospital, 24, 64, 72, 151, 152
Humedecedor del ambiente, 143, 189
Humo de segunda mano, 16, 49, 189

I
Incomodidades, 93, 159, 189
Infección de garganta, 142
Infecciones, 111, 159, 163, 189
Infecciones del riñón, 111
Intestinos, 104, 189

J
Jabones, 166
Jardinería, 20
Jugo de ciruela pasa, 32, 105
Jugos de frutas, 75

L
Lavarse las manos, 142, 167, 170
Laxantes, 104, 130
Leche, 30
Leche de vaca, 165
Levantar peso, 100, 126
Línea Nacional de Ayuda para el Tratamiento de la Drogadicción y el Alcoholismo, 6, 18
Líquido amniótico, 8
Líquidos, 13, 34, 44, 72, 105, 111

Contenido de Este Libro de la A a la Z

M

Malestar estomacal (náuseas), 94, 190

Maleta para el hospital, 88

Mamás que trabajan, 133

Manchar, 145

Manchas oscuras, 63

Máquina de humedad, 143, 189

Mareos, 9, 94

Mascotas, 20

Matriz (útero), 7, 8

Medias de soporte, 121, 136, 144, 189

Medicamentos, 4, 10, 17, 19, 43

Medicamentos recetados, 4, 10

Medicamentos sin receta, 17, 109

Médico en ginecología y obstetricia, 23

Médico general, 23

Menstruación (regla), 9, 42, 191

Mercurio, 3, 20, 43

Mes 1, 42

Mes 2, 48

Mes 3, 53

Mes 4, 57

Mes 5, 61

Mes 6, 67

Mes 7, 71

Mes 8, 79

Mes 9, 85

Mesa para cambiar al bebé, 178

Microondas, 172, 179, 190

N

Nacimiento del bebé, 149

Nariz congestionada, 67

Náusea, 9, 42, 48, 94, 190

Náuseas del embarazo, 9, 42, 48, 94, 190

Nivel de azúcar en la sangre, 27, 75, 184

Nuevas mamás, 159

O

Ombligo, 8, 174, 180

Orina, 13, 37, 42, 45, 190

P

Pan, 31

Pañales, 169, 173

Papanicolaou, 46, 190

Parto antes de tiempo, 129

Parto vaginal, 155

Pechos (senos), 62, 159, 161

Pechos adoloridos, 159, 161

Pediatra, 24

Pérdida del embarazo, 145

Contenido de Este Libro de la A a la Z

Período (regla), 9, 42, 191
Pescado, 3, 18, 43
Peso, 3, 5, 29, 164
Pez espada, 3
Piernas y pies, 114
Placenta, 7, 8, 139, 190
Plan diario de alimentación, 32
Preparation H, 109
Presión, 13, 65, 190
Presión arterial, 51, 65, 191
Presión arterial alta, 130, 191
Problemas de la vista, 13, 68
Problemas de salud, 4
Problemas para dormir, 71, 76, 120
Programa WIC, 32, 164
Prueba de embarazo, 10, 45, 191
Prueba de embarazo para hacerse en la casa, 10
Prueba de la falta de estrés, 27, 191
Prueba de orina, 26, 45, 51
Prueba de tolerancia a la glucosa, 27, 191
Prueba de estrés, 28, 191
Prueba triple AFP, 60
Pruebas, 4, 26
Pruebas especiales, 26, 27, 28
Pulso, 26, 27, 35

R

Rayos x, 17, 19, 133, 191
Recto (ano), 105
Relaciones sexuales, 7, 138, 161
Relajarse, 35, 79, 121, 191
Resfriados y gripas, 141
Respirar, 16, 150
Retraso mental, 17, 191
Riesgos, 133, 192
Romper fuente, 138, 140
Ropa, 36, 49, 54, 58

S

Saco amniótico, 8, 151, 192
Sal, 75, 116, 192
Sangrado, 12, 108, 139
Sangrado de las encías, 58, 71
Sangrado vaginal, 12, 139, 192
Secundinas, 8
Seguridad al manejar, 124
Seguro médico, 24, 136, 192
Señales de alerta, 12, 59, 73, 81, 88, 129, 192
SIDA, 46, 192
Síntomas del embarazo, 8, 9
Sodio, 116, 192
Sostenes, 63, 75, 161
Sostenes especiales para amamantar, 164
Supositorios de glicerina, 109

Contenido de Este Libro de la A a la Z

T

Temperatura, 152, 193
Tiburón, 3
Tomar agua, 32, 34
Trabajadores sociales, 135, 193
Tylenol, 143

U

Ultrasonido, 26, 56, 65, 193
Útero (matriz), 7, 8, 28, 45,
    193

V

Vacuna contra la gripa, 141
Vagina, 7, 9, 193
Vapores, 18, 20, 124, 193
Vejiga, 72, 111, 193
Venas varicosas, 51, 120, 193
Venenos, 133, 193
Verduras, 3, 31
VIH, 4, 46, 193
Virus, 46, 141, 194
Vitaminas, 3, 4, 32, 43, 49,
    164, 194
Vomitar (náuseas del
    embarazo), 9, 50, 94, 194

Z

Zapatos, 36, 59, 63

Personas a Quienes Queremos Agradecer

Deseamos agradecer a las siguientes personas por su ayuda con este libro.

Angela Maria Acevedo, RN

Kristina Adame

Nancy Avila, BS

Albert Barnett, MD

Mary Martha Bernadett, MD, MBA

Laura Blank, RN, MSN, CNS

Mary Bell

Cristina Garibay

Gloria P. Giraldo, MPH

Sandy Harbour, CNM

Gino Hasler

Sharon Mann-Johnson

Amy Jones

Neil C. Jouvenat, MD

Elda Juarez

Lilia Knudtson, RN, CNP, MSN

Mitzi Krockover, MD

Rita London

Victor London

J. Kelly Mantis, MD

Thomas R. Mayer, MD

Christel McRae, RN, PHN

Patricia Meili

Chawn Naughton

Irene Diane Nunez

Doriann Oravec

Diane Patton, MD

Araceli Ramirez

Nancy Rushton, RN, BSN

Marian Ryan, RRT, MPH, CHES

Ann Santos

Justin Segal

Raúl Sobero, BS

Michael Villaire

Alexandra L. Vreugdenhil, LVN

Elaine M. Weiner, RN, MPH

Carolyn Wendt

Dianne Woo

Sara Ye

Margaret Zickrick

Apuntes

Otros Libros de la Serie

ISBN 0-9701245-1-1

Qué Hacer Cuando Su Niño Se Enferme

Hay mucho que puede hacer para su hijo en su casa. Finalmente, un libro que es fácil de leer y fácil de usar, escrito por dos enfermeras informadas. Este libro le dirá:

- Qué observar cuando su hijo se enferme
- Cuando llamar al doctor
- Como tomarle la temperatura
- Qué hacer cuando a su hijo le da la gripe
- Como curar cortadas y raspaduras
- Qué comidas prepararle a su hijo cuando se enferma
- Como parar infecciones
- Como prevenir accidentes en la casa
- Qué hacer en casos de emergencia

ISBN 0-9701245-3-8

Qué Hacer Para La Salud de los Adolescentes

Los años de la adolescencia son duros para los padres y para los adolescentes. Hay muchas cosas que usted puede hacer para ayudar a su adolescente. Al fin, un libro fácil de leer y fácil de usar escrito por dos enfermeras. Este libro le explica sobre:

- Los cambios en el cuerpo de los adolescentes.
- Cómo prepararse para los años de la adolescencia.
- Cómo hablar con su adolescente.
- Cómo acercarse a su adolescente.
- Cómo ayudar a su adolescente en sus tareas escolares.
- El noviazgo y las relaciones sexuales.
- Cómo mantener a su adolescente sano y salvo.
- Los síntomas de los problemas y dónde obtener ayuda.

También está disponible en inglés.
Para ordenarlo, llame al (800) 434-4633.

Otros Libros de la Serie

Qué Hacer Para la Salud
de las Personas Mayores

Fácil de leer • Fácil de usar

Albert Barnett, M.D.
Nancy Rushton, R.N.
Lynne Mumaw, R.N.

ISBN 0-9701245-5-4

Qué Hacer Para la Salud de las Personas Mayores

Hay muchas cosas que usted puede hacer para encargarse de su propia salud durante los años de su vejez. Este libro le explica:

- Los cambios del cuerpo cuando uno envejece.
- Los problemas de salud comunes de los mayores.
- Cosas que uno debe saber sobre los seguros de salud.
- Cómo conseguir un médico y obtener atención médica.
- Cómo comprar y tomar los medicamentos.
- Qué hacer para prevenir las caídas y los accidentes.
- Cómo mantenerse saludable.

También está disponible en inglés.
Para ordenarlo, llame al (800) 434-4633.